原発事故とこの国の教育

武田邦彦
（中部大学教授）

ななみ書房

はじめに

２０１１年に起こった福島原発事故は、本当に衝撃的でした。なにしろ「原発が爆発する」などということは頭の片隅にもなかったので、爆発したということ自体が信じられませんでしたし、東京を含めた多くの人たちが「逃げなければいけないのか？」と迷ったのです。

その中で児童生徒を抱える教育関係者は、まず準備不足を痛感しました。子どもを逃がすべきなのか、子どもと大人とは違うのか、学校を普通に開校して良いのか、戦争中のように疎開させなければならないのか、というような基本的な事から、水道が汚染されたので幼児のミルクをどうして溶けば良いのか、幼稚園の砂遊びはさせられるのか、校庭の体育は可能なのか、クラブ活動は？　大学は福島県に進学させることができるのか……ほとんど無限とも思われるような「未検討のこと」に振り回されたのです。

事実、２０１１年3月の事故の後、原発の影響を直接受けた日本では、例年通り4月から学校を開校しましたが、お隣の韓国では放射線量は日本に比べてかなり低かったのですが、開校を遅らせました。国際的にも判断は不揃いでした。

そして、あれから数年を経た今、私たちは原発事故について正しい知識を得、また再開される原発に備えて子どもたちを守る準備をしているでしょうか？

テレビや新聞は報道を控え、雑誌や書籍は「原発推進派と反対派」に別れて極端な議論に終始しています。事故があっても安全と主張する推進派、安全でも反対という思想を持つ反対派、それぞれ自らの考えに基づくのですから、それはそれで良いのですが、教育関係者としては中立的な考えに基づき、どちらかというとやや安全サイドで次の事故に備えて準備を整えておく必要があります。

一体、原発事故というのはどういうものだったのか、その時、教育関係者が困ったことは何だったのか、そして、準備しておく原理原則、具体的な対策はなんなのか、それを整理したのがこの本です。

旅行に児童生徒を連れて行くときに、救命ボートのない船に乗せることができるでしょうか？　人間のやることは万全を期していても事故が起こるものですが、すでに「地震と津波による原発事故」を目の当たりにしているのですから、仮に再度、巨大地震が起こり原発が爆発した時、準備はしていないと言うことは教育関係者として許されることではありません。

また、具体的な対策とともに、固有安全性、多重防御といった原発事故の防止に関する概念や、被曝に関する正当性の原理のように日本ではこれまであまり議論され、認識されなかったことも子どもたちの安全を守るためにはとても大切です。

このような基本的な概念が大切なのは、事故は多様なかたちをとるので、すべてを予想することは無理で、そのような時には原理原則や概念をシッカリ身につけておくことによって、修正したり、回避したりすることが可能になるからです。

本著は、第1章で福島原発事故で起こった具体的なことを取り上げて、その本質を明らかにし、第2章で事故のあと、教育界でなにが問題となり、多くの人がどういうことに苦しんだかを整理しました。それに基づき、第三章では将来に向けて、教育関係者が準備をしておかなければならないことを、概念と具体策について書きました。

世界の原発は400基を超え、技術的には日本も高いレベルにありますが、同時に巨大地震が来るところに建っている原発はほぼ日本だけという状態です。

だから、日本は日本だけでさまざまな対策を準備しておく必要があります。地震や津波が襲った直後に原発が爆発した場合、通信も運輸も混乱しています。そのなかでどうするのかも日本独自の問題です。

この本の終わりの方には、今回の原発事故を起こした遠因となっている日本の科学技術教育の問題、教育体制の問題などに、著者が感じていることを整理しました。これらのことは普段の教育の議論ではあまりに課題が大きいので避けられる傾向がありますが、福島原発事故のような巨大な衝撃があったときにこそ、教育関係者で大いに議論を深めておくことと考えます。

本著が事故の後処理に、子どもたちのケアーに、そして予想される次の事故に対して、教育関係者、保護者、そして多くの方に少しでも貢献することを期待しています。

武田　邦彦

2013年9月6日

もくじ

原発事故とこの国の教育

第2章　原発事故と教育界

第5章　この国の教育のかたち

第1章

原発と子どもたち

子どもたちを十分に守れなかった教育界

福島第一原子力発電所の事故から2年半ほど過ぎました。1号機、3号機、4号機で水素爆発が発生し、相次ぐ爆発によって拡散した大量の放射性物質は大気だけでなく、食べ物なども介して広く日本を覆いました。この未曾有の事態によって、さまざまな社会的変化が私たちの生活に押し寄せていることは、みなさんご存じのとおりですが、それが子どもたちにどのような影響を与えたのか、子どもたちに対して教育関係者を中心とする大人たちは何をしてきたのかについては、残念ながら国でも教育界でも十分な検証がいまだなされていません。いいえ、少しの反省をこめて見直すこともされていないと言っても過言ではないでしょう。

もちろん、現場で適切な対応に努めている先生や職員の方々はいらっしゃいます。しかし、個々の対応によって被曝をしない子どもと被曝をしてしまう子どもが出てしまうのは、おかしな話です。すべての学校は、すべての子どもたちにとって等しく安全な場所でなければいけません。

本章では事故直後から現在までを振り返りながら、教育現場で何が行われていたのか、あるいは何が行われなかったのかなどを整理し、問題点や今後の対応策を探っていきたいと思います。

総じて言いますと、福島第一原発事故、および、その前日に発生した大地震によって起こった災害について、私たち教育界は必ずしも子どもたちを十分に守ることはできませんでした。

まず、この事実から見つめ直さなければならないでしょう。また、私たちが十分な備えをしていなかったということも紛れのない事実です。もっとも、そのことをいたずらに強調するのではなく、現実に何が起きたのか、何をしてきたのかを冷静に考え、反省のなかから今後やるべきことを見出していくことが大切です。

福島第一原発事故による被曝の問題は、小学生以下の乳幼児をはじめ、小学生、中学生という年齢層にとりわけ大きな焦点を合わせなければいけない問題です。なぜならば、放射線防護学では、子どもの放射線に対する感度は大人の約3倍とも

福島第一原発３号機爆発事故（2013.3.14）

言われており、成長期にある子ども、乳幼児は大人よりも放射線の影響を受けやすいからです。さらに、子どもは身長が低いため、地面に降り注いだ放射性物質を吸い込みやすく、ミルクだけを飲む時期に当たったり、偏食などがあって内部被曝の確率も大人よりも高くなりやすいという問題もあります。

私自身は教育者といっても、携わる領域は大学教育が中心です。文部科学省の中央教育審議会などにも所属していましたが、従事した教育分野は高等教育が主でした。本書を手にとられた読者のなかには、保育所・幼稚園や小学校などの現場について私が話すことに違和感を持たれる人もいらっしゃるかもしれませんが、原発事故や被曝については多くの教育者とも意見を交わしてきています。先生方との議論、情報交換を通じて私が理解してきたことも合わせて整理をしていきます。

福島第一原発事故直後、私のブログ（http://takedanet.com/）には1日に約40万～100万程度のアクセスがありました。また、事故後は1分間に1通以上の頻度でメールが届き、現場の先生、お父さん、お母さんたちからたくさんの相談や質問もいただきました。保護者の立場、現場の教育者の立場での切実な悩みなども知ることができました。それらの貴重な経験も本書で生かしていきたいと思います。

誤報の修正が必要

今回の福島第一原発事故は社会的衝撃があまりにも大きく、また、初めての経験であるため、日本社会は大きく動揺しました。それは一般の人々だけではありません。テレビ、新聞をはじめとするさまざまなマスコミ、政府や専門家を含め、多くの誤認、そしてそれに基づく誤報もありました。

さらに誤報のなかには、パニックが発生するのを避けるためにやむを得ず誤った情報を流すということもありました。それらの意図的な誤報の一部は、もしかすると経過的措置としては必要なことだったのかもしれませんが、事故後2年あまりを経た今では、事実に基づいて整理をしなければならず、またそれができるタイミングでもあります。

従って、本書で福島第一原発事故の全容を整理し、それが教育界にどのような影響を及ぼしたのか、教育界がこれから何をしなければいけないのかを検証していくにあたっては、最初に誤報を正しておく必要があります。まず、「福島第一原発で何が起こったのか」「被曝その他について法律ではどのように決まっていたのか」という2つの「土台となる事実」から説明しましょう。

運転中の事故としては世界で初めての大爆発

福島第一原発事故の最初の爆発は、大地震と津波に襲われた約1日後の2011年3月12日に発生しました。

福島第一原発には1号機から6号機までありますが、まず1号機が水素爆発を起こしました。この爆発の最大の原因は、大地震と津波によって1号機が全電源を失ってしまったことです。原子力発電所ですべての電源を失うと、原子炉を冷やすことができなくなります。つまり、高温の崩壊熱を冷却する機能を失えば、燃料が融ける危機に陥ってしまうのです。

原子力発電を簡単に説明すると、ウラン235を「核爆発」させ、その高い熱で水をスチーム（蒸気）にし、そのスチームでタービンを回して電気をつくるというシステムです。非常時のもっとも危険な状態は「核爆発が暴走する」ということですが、これは回避しました。

次の問題は、炉心の燃料は運転停止後も放射性物質の崩壊で発熱しており、冷却が止まると、2500度ぐらいまで温度が上がってしまうことです（さらに2800度程度まで温度が上がれば、燃料棒は溶けて下に落ちてしまいます）。高温になった原子炉内では、水が沸騰して水蒸気になり水位が下がり、燃料棒自体が露出してしまいます。

　燃料棒が露出すると、燃料棒の外側の被覆管と呼ばれる金属（ジルコニウム合金）が腐食（酸化）し、水蒸気と反応して水素が発生します。そうすると原子炉内の圧力がドンドン高くなるので、原子炉が高圧で爆発するのを防ぐためには、水素を外に出さなければなりません。

　ところが、原子炉から外に出た水素は、まず格納容器という原子炉の外側に流れますが、水素の発生が抑えられないと、さらにその外側の建屋のなかに出すしか方法がなくなります。そして、原子炉建屋のなかに出た水素は、空気中の酸素と結合して水素爆発を起こすということになります。それが最初に起きたのが3月12日の1号機の爆発です。

　1号機に続き、3号機、4号機と相次いで水素

事故後の福島第一原発３号機

爆発を起こします。2号機はおそらく壁などが破損していたため、水素が建物の外にでて、結果的に爆発をせずに済みました。だから、2号機は爆発はしなかったけれども建物の中の高い濃度の放射性物質がそのまま大気中に漏れ出たことを意味します。2号機の特徴は、1号機、3号機の室内の線量率が毎時数シーベルトであるのに対し、毎時60シーベルト（2012年4月現在）と格段に高く、人間が10分もいれば死んでしまう数値です。したがって、2号機も原子炉と格納容器の破壊は進んでおり、燃料が格納容器の外に出ていると考えられます。

最終的に燃料は融けて液体のようになり、原子炉容器も格納容器も突き抜けて原子炉建屋の床に落ちた（いわゆるメルトダウン）と考えられます。また建物は震度6強の地震で亀裂が入り、後に地下水の浸入や汚染水が海にでる原因にもなりました。

ちなみに、このように格納容器の外に大量の放射性物質がでる状態になるのは10万年に1度という設計基準になっていますから、原子力発電所の設計基準を間違えたと言うことができます。

福島第一原発は以上のような経過をたどり、営業運転中の原子力発電所としては世界で初めて大きな爆発を起こし、大量の放射性物質を大気中に出してしまったのです。ちなみに、旧ソビエト連邦（現・ウクライナ）で1986年4月26日に発生したチェルノブイリ原発事故は、操業休止中で、緊急停止の実験中に原子炉が爆発し、10日間の火災で大量の放射性物質をまき散らした事故でした。

国際原子力事象評価尺度で最悪の「レベル7」（深刻な事故）に位置付けられている原発事故は、このチェルノブイリ原発事故と福島第一原発事故だけです。しかし、チェルノブイリ原発事故と福島第一原発事故を一緒に考えてはいけません。計31人の死者を出したチェルノブイリ原発事故は大規模な爆発でしたが、放射性物質が原子力発電所から飛散したのは爆発時からコンクリートで覆い固めるまでの短い間でした。死者は受刑者も含めた決死隊でした。これに対し、福島第一原発事故は、決死隊が突撃することをしなかったので、２年半以上たった今も放射性物質を放出し続けており、収束のめどもたっていません。海に直接、放射性物質が流れ出たのも、人類が初めて遭遇する原子力災害です。

日本政府はこの事故で外部に出た放射線物質の総量が約80京ベクレルと発表していますが、これは広島型原爆の１８６倍の放射線量に相当します。また、太平洋に流れ出た放射性物質の量もほぼ同程度と見られ、今後の大きな国際問題に発展する可能性があります。

工業技術が優れ、信頼性も高い日本で事故が起きた衝撃

世界には約430基の原子炉が存在し、その大半がアメリカ、ヨーロッパ、日本に立地しています。日本には54基の商業用原子力発電所がありました。原子力発電所には、チェルノブイリ原発のように黒鉛を減速材につかったタイプの原子炉と、福島第一原発など日本の大半の原子力発電所が採用している水を冷却剤に使うタイプの軽水炉などがありますが、世界の原子力発電所の潮流は、より安全な方向として、日本で採用されているような「軽水炉」タイプです。

アメリカもヨーロッパも今まで、運転中の原子力発電所で大規模な事故を起こしたことがありません。よく知られている例としては、アメリカで1979年3月に発生したスリーマイル島原発事故がありますが、この事故は部品交換中のミスによって原子炉が損傷したものの、爆発までには至りませんでした。また漏れた放射線量はきわめて少なく、マスコミで報道されているような大事故ではありません。

旧ソ連のチェルノブイリ原発事故は先ほども述べたとおり、運転中の事故ではなく、電源が全部落ちたときにどのように回復するかという訓練中の事故です。もちろん、爆発によって大量の放射性物質を放出したということは同じですが、運転中の事故として

は、福島第一原発事故が世界で最初であるという点に、注目しなければいけないと思います。

日本は工業技術が非常に優れ、かつ、まじめな日本の作業員が運転するので、日本の原子力発電所は比較的安全だと全世界で信じられてきました。その安全なはずの日本の原子力発電所が世界に先駆けて運転中に爆発したということは、日本の技術力が疑われるということを意味します。

たとえば、チェルノブイリ原発事故やスリーマイル島原発事故、中国での新幹線事故など海外の工業的な施設や乗り物で大事故が起こったとき、日本の技術関係者の見方として、「外国の技術が未熟だった」「外国における運転管理が不十分だった」と、外国の未熟さに原因を求めていました。読者のみなさんの多くも「日本だったら、こんな事故は起きない」と思うことはよくあるのではないでしょうか。

言い換えれば、日本の技術、日本人の運転や管理には非常に高い信頼性があったわけです。それなのに、福島第一原発は、運転中に最悪の「レベル7」の原発事故に至ってしまいました。私たち、特に教育関係者は科学技術者の養成という意味でも、この事実を謙虚に、そして深刻に受けとらなければいけないと思います。

地震、津波、海水で冷却……日本独自の設計が必要

日本の原子力発電所の立地場所にも注目しなければいけません。先ほど、世界には約430基の原子炉があると書きましたが、このうち、「震度6以上の地震に見舞われる可能性があるところ」は極めて少ないのです。

アメリカ・カリフォルニア州には震度5程度の地震が起こる可能性がある場所に若干、原子力発電所が立地していますが、そのほかに震度5に見舞われると思われる立地場所は数か所にとどまっています。

震度6以上の地震の恐れがある地域は、ほぼ「太平洋の端」しかありません。たとえば、日本、南米のチリ、フィリピン、インドネシアなどに限定されています。一見してわかりますが、「震度6以上の地震に見舞われる可能性があるところに原子力発電所が立地しているのは日本だけ」と言っても、それほど間違いではないでしょう。日本は震度6どころか、震度7以上の地震が起こる可能性があります。

また、日本の原子力発電所のように津波が襲ってくる可能性のある海岸沿いに建設され、海水という塩水で冷却している原子力発電所は世界的に非常にまれです。アメリカとヨーロッパの原発は大半が内陸に建設され、川の水など淡水で冷却されています。原

子力発電所だけではなく、火力発電所もまったく同じですが、石油やウランを燃やしたら冷やさなければいけませんので、どうしても海水か川の水が必要になります。発電所は電気を扱う性格上、塩水は苦手ですから、原子力発電所は内陸に建てて川の水や湖で冷やすのが適当です。さらに、海岸はハリケーンが襲来したり、気象が変化したりしやすい面もあり、内陸で気象が安定した穏やかなところに建設する方が安全に決まっています。日本なら、利根川上流、木曽川上流、そして琵琶湖のほとりが、もっとも適していることは間違いないでしょう。

　まとめますと、アメリカ、ヨーロッパの原子力発電所は、「地震なし、津波なし、内陸、淡水冷却」が基本ですが、不思議なことに日本の原子力発電所だけは「地震あり、津波あり、海岸、塩水冷却」ということになっています。「どちらが安全」

東日本大震災（朝日新聞：2011.3.12）

と聞けば、その答えは決まっていますが、現実にはそうなっています。したがって、本質的に危険な場所に立地されている日本の原子力発電所には日本独自の設計が必要なはずです。

日本には原子力の独自技術がない

ところが、原子力施設の基本的な設計という点においては、いまだに日本は後進国です。日本の原子力発電所の基本設計はすべてアメリカ、日本の核廃棄物の処理プラントはフランスで、日本には事故防止などのソフトの技術も含め、原子力の独自技術はありません。福島第一原発事故後、時の菅首相が原子力発電所の再開の条件として持ち出した「ストレス・テスト」も、津波がまったくないヨーロッパで生まれたものです。

原子力関係で独自技術を必要とするかどうかについては、今までも長い間、議論されてきました。もちろん、必ずしも自国の独自技術があるから安全だということにはなりませんが、日本のように地震や津波があり、かつ塩水で冷却するという、諸外国には見られない特殊な状態で原子力発電所を運転する場合は、やはり日本の事情に即した設計にしなければいけないと思います。

そもそも、なぜ日本とは立地条件が違うアメリカの設計をそのまま採用して原子力発電所を建て、津波によって深刻な原発事故が起こったのに津波のないヨーロッパの安全審査方式を採用するのでしょうか？　長く原子力に携わった私の感想では「日本人は個別の技術や問題解決は得意だが、概念を作ることができない」、「日本人はまだ日本人を信じていない。白人なら信じる」ということと、「日本人は自分で責任を持って判断することを避け、世界のどこかで採用されているものを使う」という傾向があることが原因となっていると思います。

「自分を卑下する」、「自分が判断しない」というこのような傾向は日本の教育にも大きな原因があるように思います。「みんながやっていることを正しいとする」という集団主義と関係がないか、教育関係者が考えなければならないところの一つでしょう。

また、「事故を防ぐ」というのは技術的に事故自体が起こらないようにすることと、事故が起こったときの損害を最低限に抑える装備や方法が整えられているかの二つの要素があります。たとえば船に備えられている救命ボートや航空機に乗ったときに毎回、教えられる避難方法がそれに当たります。福島第一原発事故では、事故時の住民への連絡や適切な退避の方法はもちろん、被曝を避けるための児童生徒の疎開など、原子力発電所が事故を起こしたときに、どのような措置をするかについての社会的な検討や合意がなされていなかったことも明らかになりました。なぜ、教育機関は原発が近くにあり、子どもは被曝に弱いのに避難の方法も訓練もしていなかったのでしょうか？

こうした問題もやはり、日本の原子力発電所の基本設計も安全システムもアメリカ、ヨーロッパのものであり、全体的な安全体制に大きな不備があったということを示しています。日本の原子力発電所を世界的な視野で見ると、最先端の原子力発電所であるように見えて、その実は、ハード、ソフトの両面で必ずしも十分なものではなかったということが言えます。

「1年1ミリシーベルト」は法律で決まっている!

福島第一原発事故から2年以上経ちますが、事故で飛散した放射性物質はセシウム137のように30年ほどの半減期を持つものが多いので、まだ身の回りに存在しています。多くの人が「このままここに住んでいて大丈夫だろうか?」、「このままの食生活でOKなのか?」と不安を感じています。

事故後、私は終始一貫、「学問的に被曝と健康の関係がわからないのだから、『2011年3月11日以前の法令』の基準を守り、それで安心するしか方法はない」という考えを示してきました。具体的な数字で言いますと、法令では「被曝総量1年1ミリシーベルト以下」ですから、具体的には外部(空間線量)0・4ミリシーベルト、内部(食材)0・4ミリシーベルト、水0・1ミリシーベルト、土ほこり0・1ミリシーベルト程度になります。

ところが、福島第一原発事故後、当時の文部科学大臣が「1年1ミリシーベルト」という被曝許容量を突如、子どもたちに対して「1年20ミリシーベルト」に引き上げました。しかも、空間線量（外部被曝）のみを考慮した数値です。この「1年20ミリシーベルト」というとんでもない基準はそれまでの学校教育の方針とは大きく異なるものでした。

あまりにも当然のことですが、多くの原発が運転され、レントゲンも使われる日本には「日本人を放射線から守るための法律」があり、それは長く国民を伝染病から守ってきた「伝染病予防法（現・感染症法）」などと同じように大切な法律です。

しかし、私が「被曝限度は1年1ミリシーベルトと決まっている」と話したり、書いたりすると、

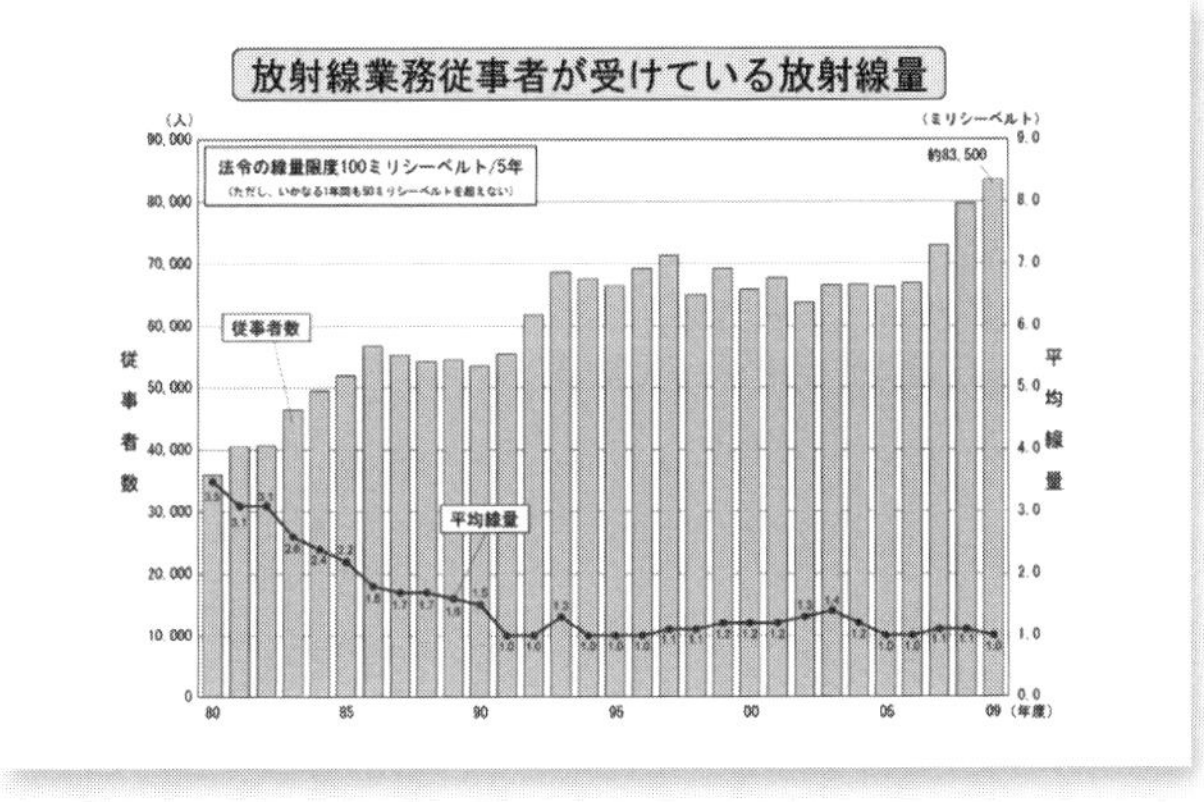

「どの法律ですか？」という質問を度々いただきますが、文部科学省所管の「放射性同位元素等による放射線障害の防止に関する法律」に明記されています。また、厚生労働省所管の「電離放射線障害防止規則」という規則の第一条には「事業者は、労働者が電離放射線を受けることをできるだけ少なくするように努めなければならない」と目的が記載されています。

これらには、「被曝限度は1年1ミリシーベルトとする」「被曝限度は外部被曝と内部被曝を合計したものである」などの基本的なことが定められ、それに基づき、空間線量や土壌の許容汚染度（ベクレル数）などが決まっています。

このほかにも、原発や放射線を発する設備などを建設するときの設計基準、および運転中の管理などについては所轄大臣がその度ごとに通達を出しています。たとえば、通商産業大臣（現・経済産業大臣）による発電用原子炉における「線量当量限度告示」は、研究開発段階にある原子炉も含めて一般公衆に対する線量限度として「1年1ミリシーベルト」としています。

このように法令で被曝限度が明確に決められているにもかかわらず、原発事故が起こると突然、政府や自治体の関係者、専門家、さらには医師らによる法令上の管理基準を無視する発言が続きました。このような情けない状態は、日本社会が「法を守る社会人としての基本的な力」もなくなったことを示しています。

被曝回避の原則とは

被曝回避の原則については、政治的な理由から多くの誤報や異なった情報が流れています。はじめにお断りをしておきますが、私が被曝について語るときは、「原子力発電に反対」、あるいは「原子力発電を推進」といった原子力発電所そのものの是非に対する思想とはまったく関係ありません。この章でも、完全に中立的に被曝回避の原則とは何かを整理してお話しておきたいと思います。

被曝回避の原則は、先ほどの厚生労働省所管の電離放射線障害防止規則の最初に示されています。第一条の「事業者は、労働者が電離放射線を受けることをできるだけ少なくするように努めなければならない」がそうです。ところで、この一文には「労働者」という文言が使われていますが、なぜ「労働者」だけに限定されているのでしょうか。これはもともと、原子力発電所が爆発しない限り、通常の状態で一般の国民が被曝するのは雇用関係がある場合に限定されていたからです。たとえば、原子炉のなかで仕事をする作業員や、病院でレントゲンを扱う人など放射線に関係する職場で働く人が対象になります。これらの人たちを放射線の被曝から守れば、それより長時間、被曝することが禁止されている一般人はより安全だという考え方です。

さらに、電離放射線障害防止規則の第二十八条には、土壌の汚染について記載されています。放射性物質を扱っている間に何らかの理由で放射性物質が漏れ、それによって土壌が汚染されて生活が困難になる場合の程度を示すものです。これによると、1平方メートルあたり4万ベクレル以上になったところは直ちに通報し、汚染した当事者が柵を設け、できるだけ速やかに汚染を除去する……などの対処方法が規定されています。

1平方メートルあたり4万ベクレルという目安は、おおよそ、国際的に「住むことが不適切である」と考えられている数値です。チェルノブイリ原発事故時も1平方メートル3万9000ベクレル程度が管理地域となっています。

被曝は「1年1ミリシーベルト」、表面汚染は「1平方メートルあたり4万ベクレル」と私が日本の法令や国際慣行の数値を説明しますと、「法律のことばかり言って科学的ではない」、「低線量被曝の結果はすでに科学的にわかっていて1年100ミリシーベルト以下は安全」などと言う人がいます。

もしそのようなことを言う人がいましたら、「それではなぜ、日本の法令も国際慣行もともに1年1ミリシーベルトになっているのですか？　学者は決定には関与していないのですか？」、「それではなぜ、旧ソ連では1平方メートル4万ベクレル程度で管理地域にしたのですか？」と聞けば、その発言の矛盾が一目瞭然でしょう。

日本の法令に関わる数値を決めるときには、日本の主要な機関、専門家はほぼすべて参加しています。その専門家たちは膨大な論文やデータを分析して数値を決めているわけで、その中から「自分に都合のよいデータだけを選ぶ」などという非科学的なことはしません。たとえ、そのようなことをしても専門家は「1年100ミリシーベルト以下の低線量被曝ではデータがばらついている」ということを知っていますから恥ずかしくて言えないはずです。もちろん、広島と長崎の原爆のデータは主力データとして含まれています。その上での1年1ミリシーベルトなのです。

ミリシーベルトとベクレルの関係

電離放射線障害防止規則には、被曝回避の原則に続き、どの程度のところに住めばよいか、どの程度のところは除染しなければいけないのかという大枠の原理が書いてあります。少し難しい話が続き、シーベルトとベクレルという2つの単位が出てきて混乱されている読者もいらっしゃると思いますので、ここで基礎的な説明をしたいと思います。新聞やテレビ、雑誌などのメディアで、よくベクレルという言葉を耳にすると思います。食品に含まれる放射性物質の規制において、たとえば1キログラムあたり100ベクレル、50ベクレルなどの数値が示されています。

ベクレルとは、ある物（土、食材など）が実際にどのくらいの放射線を出しているかという「物理的な放射線の数」を表す単位です。簡単に言えば、ベクレルという数値自体は放射線の量のことであり、人体とは直接、関係ありません。これに対し、シーベルトとは「人間の体がダメージを受ける放射線の量」を表す単位のことです。放射線の基本的な単位にはこのほか、グレイという純粋に「放射線の強さ」を示す単位があります。

法律をつくるときや被曝回避の原則を立てるうえにおいては、第一に「どのくらいの放射性物質が人体に対して影響があるか」を考えなければいけないので、まずシーベルトを決めます。それが確定されると、「食材では1キロ100ベクレル、水道なら1リットル10ベクレル、管理区域では1年5グレイ」などと決まっていきます。つまり、シーベルトという単位は「被曝と健康」の単位で、「ベクレル、グレイ」は物理的な単位なのです。もしも公衆の被曝限度1年1ミリシーベルトが決まっていなければ、食品中の放射性物質の基準値も原子力施設のコンクリートの厚みの基準も決まりません。

被曝量は足し算しなければいけない

被曝限度は一般国民の通常の状態で1年1ミリシーベルト、それに沿って許容できるベクレル数を計算することになります。ベクレルを「1年間に内部被曝するミリシーベルト」に換算する式は複雑な計算によって成り立っていますが、一般の人たちが日常生活で「1キログラムの食材のなかのベクレル」を「1年間に内部被曝するミリシーベルト」に簡単に換算できるシンプルな式をつくりましたので、次の計算式をぜひ参考にしてください。

被曝限度である1年1ミリシーベルトから単純に計算しますと、食材1キログラムあたり100ベクレルが1つの目安となります。ただし、これも誤解が多いのですが、人間の体は食材だけから被曝するのではありません。ほかにも、空間からの外部被曝、呼吸による内部被曝、水など飲み物からの内部被曝などがあり、全身の被曝量を考えるときはこれらの外部被曝分と内部被曝分を足し算する必要があります。

法規では外部被曝と内部被曝合わせて1年1ミリシーベルトと定められています。福島第一原発事故以降の現在の日本では外部被曝を考慮しなければいけませんから、厚生労働省の決めた食品中の放射性物質の基準値「食材1キロあたり100ベクレル」も間違っ

$$\text{1年間に内部被ばくするミリシーベルト} = \frac{\text{1キログラムあたりのベクレル}}{100}$$

た基準です。１キロあたり１００ベクレルの食材を1年間食べると、それだけで年間１ミリシーベルトになってしまいます。外部被曝や水道などからの被曝もあるので、「基準値内だから安心して子どもに食べさせていい」という数値ではないのです。

原発事故後、「被曝したほうが健康にいい」と主張し始めた専門家

放射線による被曝は健康に害があるというのが、これまでの日本社会、法律で前提となっていました。

しかし、福島第一原発事故が起こると、被曝を避けられない、また、被曝を避けるには膨大な経費を要することなどから、１８０度まったく異なる考え方が日本社会のなかから出てきました。たとえば、「被曝をしたほうが健康にいい」と主張する医師がメディアにも登場しましたし、「1年に１００ミリシーベルト、つまり、法律で決められた基準値の１００倍の被曝まで大丈夫である」という専門家も多く現れました。放射線による被曝と人体の関係はよくわかっていませんから、この問題を「それが正しい」「間違っている」などのようにはっきり判定することは極めて難しいのですが、いずれにしましても、原発事故の前日までは「被曝は健康に悪い」「一般人は1年1ミリシーベルトまで」と決まっていたことは事実です。

教育者、教育界として、原発事故後から真逆に転向した一部の医師や専門家らによる被曝に関する考え方をどう受け止めるかも検討する必要があります。心理学的には「リスキーシフト」という場合もありますが、人間は自ら耐えられる思考の限界を超えると、突如として正反対で極端な言動に出ることがあるという現象です。おそらく、福島原発事故に直面した放射線関係者は、被曝の恐ろしさに驚き、事故の前日まで自らが主張してきたことも忘れて、正反対の言動をすることによって自らの心を納得させたのでしょう。

しかし、現実に合わせて被曝量を増やすという対応が児童生徒にどのような影響を与えるかについて、教育関係者は議論を急がなければいけません。

被曝限度は「正当化の原理」のもとで決められる

ここから「被曝限度」についてやや理論的な内容を説明したいと思います。被曝限度には2種類があります。1つは「原発事故が起こらないときの平時の被曝限度」。もう1つは「原発事故が起こったときの被曝限度」です。

まず、「原発事故が起こらないときの平時の被曝限度」について説明しましょう。

そもそも、被曝限度は「正当化の原理」のもとで決められます。「正当化の原理」とは、「被曝による損害」に見合う「利益」があるかどうかということです。これは国際的にも議論された原理で、被曝は健康障害があるという前提のもと、被曝によって受ける損害は、その被曝のもとになるものから得られるメリットと相殺するという考え方です。たとえば、原発事故前の日本では、原子力発電所からの電気は総発電電力量の約30％を占めていました。原子力発電の恩恵をそれだけ受け取っていることに対し、被害としてどのくらいを容認するかというと、「正当化の原理」に基づいて「1年1ミリシーベルトまで」となっていたのがこれまでの日本です。もっと言えば、世界全体のコンセンサスです。

少し難しい説明になったかもしれませんが、簡単に言いますと、「原子力発電所からの電気を使う権利」＝「1年1ミリシーベルトの被曝による損害」という等式が成立している、ということです。これは原子力発電に限ったことではなく、放射線に関しては必ず「得」と「損」がイコールになるように論理立てされています。一例を挙げれば、医療用被曝についても「損」＝「得」という等式が成り立っています。胸のレントゲン1回0・05ミリシーベルトは、肺結核などの病気がレントゲンによって見つかり、早期の治療が可能になるなどの健康上の「得」を享受できるから受け入れられる数値なのです。

人が浴びる放射線にはこのほか、職業上で浴びる放射線があります。医療現場や原子力施設、研究機関などでの職業被曝の場合は、年間20ミリシーベルト（職業被曝は5年間で１００ミリシーベルト以下と決まっている）という規制値がありますが、これは「賃金をもらえる」などの職業上のメリットを受けるという「得」があるから受け入れられるのです。もちろん、「年間20ミリシーベルトまで浴びてもいい」ということではなく、現実には放射線従事者も一般人と同じように被曝量を年間１ミリシーベルト以下になるように努めています。たとえば、職業的に被曝している一般の放射線従事者の平均被曝量は年間０・７ミリシーベルト程度にすぎません。私自身も昔、ウラン濃縮などの仕事をしているときは年間20ミリシーベルトの規制値のもとで働いていましたが、実際には年間０・１ミリシーベルト以下を守っていました。このように仕事場でできるだけ被曝しないように気をつけているのは、職業的に放射線を浴びる可能性のある人は全員、放射線の危険性を知っているからです。

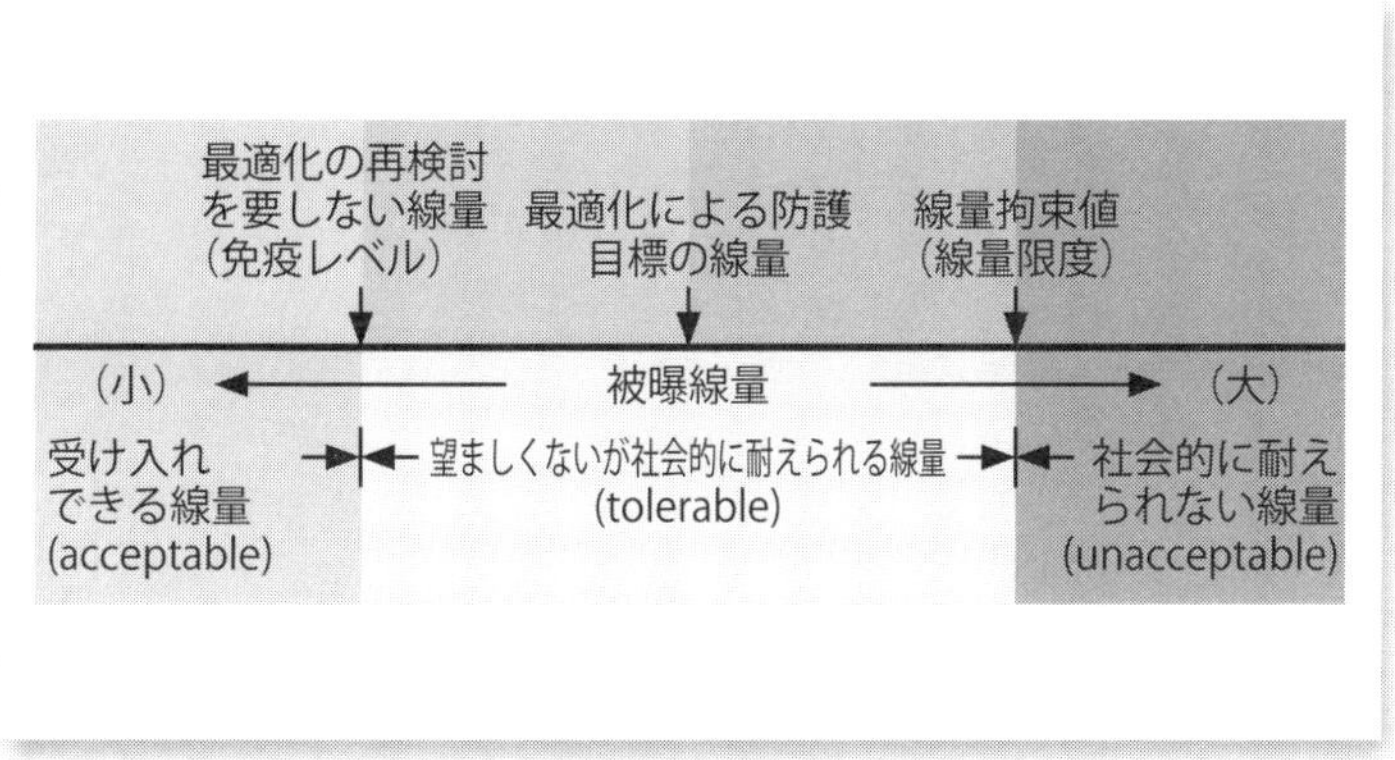

被曝許容の概念

「自然放射線より少ない1年1ミリの規制は厳しすぎる」は間違い！

ところで、福島第一原発事故以来、「日本の自然放射線による被曝量は1年1・5ミリシーベルトなのに、それよりも少ない1年1ミリシーベルトという規制はあまりにも厳しすぎる」という専門家らの話をメディアを通して見聞きしたり、読んだりしたことがありませんか？　結論を言えば、これは間違いです。

ここで思い出していただきたいのが、「被曝は足し算」という原則です。被曝は「4階建て」で考えなければいけません。具体的に説明しますと、「1階部分」が年間1・5ミリシーベルトの自然被曝、「2階部分」が年間平均2・2ミリシーベルト(日本の場合)の医療被曝、「3階部分」が年間0・3ミリシーベルトの核実験による被曝、「4階部分」が原子力発電所からの被曝量1年1ミリシーベルトです。これらを合計すると1年間に5ミリシーベルトまで浴びることになります。児童生徒が何ミリシーベルトまで受けても大丈夫かと考えるときは、このように被曝量を足し算しなければいけないのです。

要するに、自然放射線による被曝量と福島第一原発事故による被曝量を比べ、どちらが「多い」「少ない」というのはナンセンスであり、被曝量を考える際は「自然放射線の1年1・5ミリシーベルト」＋「人工的に受ける1年1ミリシーベルト」＝2・5ミリシーベルトと足し算するのが正しい計算です。

ちなみに、ヨーロッパのドイツなどは、さらに慎重な考え方をしており、原子力発電所などからの一般的な被曝の限度は「1年0・1ミリシーベルト」と規制されています。これにはいくつかの理由があります。まず、もともとヨーロッパにおける自然放射線は日本よりも少し高く、1年2ミリシーベルト程度あるためです。加えて、チェルノブイリ事故その他の要因によってヨーロッパ人が放射線による被曝に対して敏感になっていることも挙げられます。それからもう一つ大きな理由として、ヨーロッパの被曝関係の専門家たちが、一般的なガンによる死亡の半分程度は放射線の被曝によるものだと考える傾向にあるためです。もっとも、この考え方が正しいのか間違っている

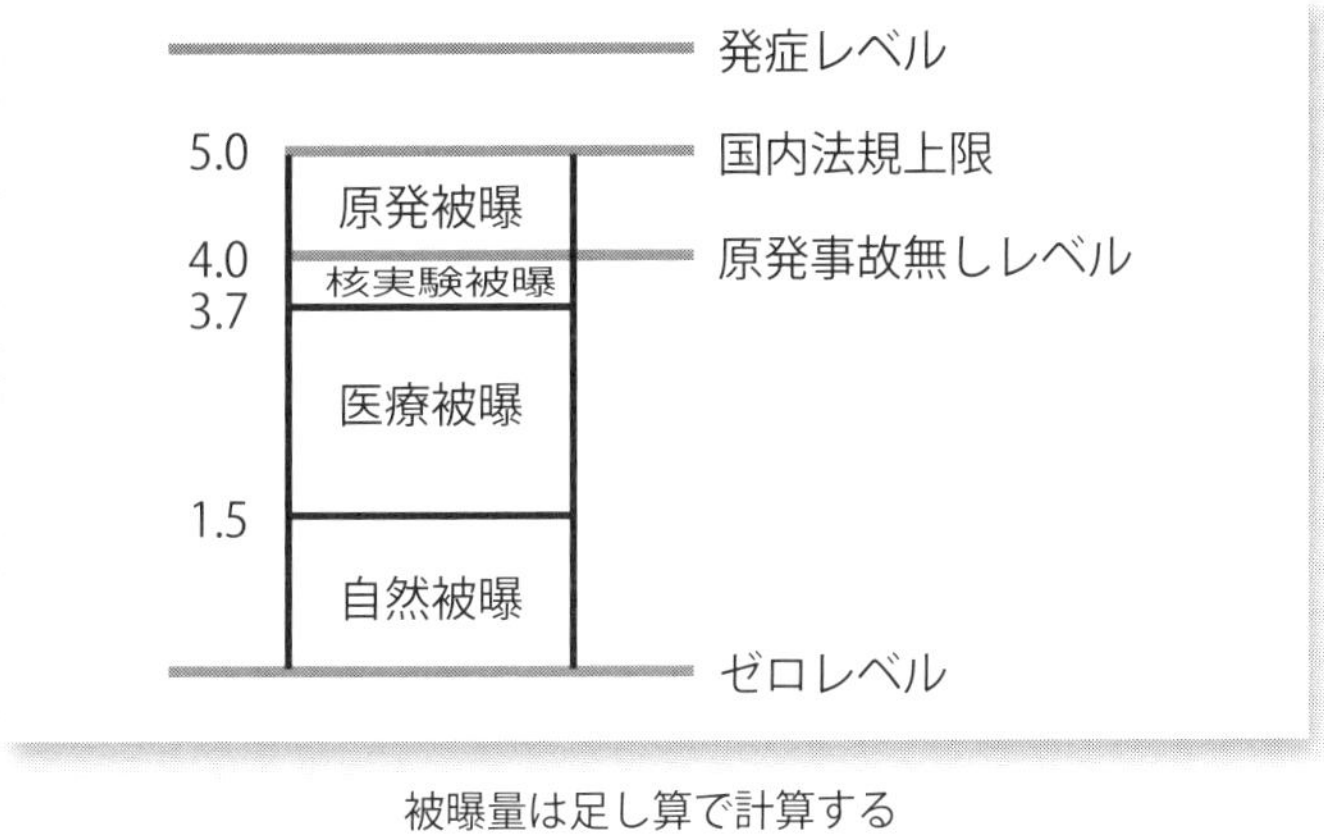

被曝量は足し算で計算する

のかについては現在の医学ではわかりません。というのは、たとえば、日本では全体の約3割がガンで死亡するという統計がありますが、原因については、自然にガンになるのか、食品などの刺激を受けてガンになるのか、それとも、自然からの被曝、もしくは医療被曝などによってガンになっているのかなどは現在、医学的にわかっていません。

「医学的にわからないのに、なぜ規制値が国によって違うのか？」と疑問に思われる人もいらっしゃると思いますが、「一般的にガンは放射線の被曝によるものではない」という日本のように比較的、楽観的に考える国と、ヨーロッパのように「ガンのある程度は放射線による被曝」と考える国では、規制値が変わってくるのは当たり前のことなのです。

1年100ミリシーベルト以上浴びた場合に限られる

話が前後しますが、放射線と体の関係についてわかっていることは、放射線を1年間に100ミリシーベルト以上浴びた場合に限られます。1年間に100ミリシーベルト浴びると、1億人に対して50万人が「過剰発ガン（被曝によるガン）」になるとされています。もちろん、100ミリシーベルト以下でもガンは発生しますが、発生したガンが被曝によるものかどうかはわかりません。

福島第一原発事故後、政治的理由もありましたが、このことが間違って日本社会に伝えられました。「1年100ミリシーベルト以下は安全である」と言い出す専門家も現れました。しかし、1年間に100ミリシーベルト以下の被曝は安全という根拠は、どこの学問的知識にもありません。

整理をしますと、一般的なガンが被曝によるものなのか、それとも食品などの発ガン物質によるものかわからないのと同じように、1年100ミリシーベルト以下の被曝で生じるガンが、放射線によるものか、そうではないのかを確定することはできない、ということです。

以上のように、通常時の被曝については多くのことが今後の研究に委ねられています。余談ですが、日本の医療被曝の年間平均2・2ミリシーベルトについて、欧米の見方はとても厳しいのです。たとえばですが、日本での医療被曝によるガンの発生は欧米の3倍であるという論文が、2004年に『ランセット』という医学界ではもっとも権威のある医学雑誌にすでに発表され、それについての検討も始まっています。

いずれにしましても、一般的に考えれば、幼児や児童生徒のように先の将来が長い人に対しては、被曝について相当、慎重に考えなければいけないということは明らかです。

予防原則も無視した医師、マスコミ

1年1ミリシーベルトという基準値は、「予防原則」の思想も加味して決められています。学問的にはっきりと実際の影響が判明するまで待っていたら被曝による被害者が出るかもしれないため、予防的に合意をしたのです。私たちが自然界から受ける自然放射線については仕方がないのですが、原子力発電所からの放射線は「余計なもの」です。もしも日本に原子力発電所や放射線の利用がなければ、1年1ミリシーベルトなどという規制も必要ありません。

しかし、先ほども述べましたが、福島第一原発事故が起こると、一部マスコミのみならず、多くの医師までもが「1年1ミリシーベルトを守る必要はない」と発言しました。なかには今でも言い続けている専門家もいるようです。実に由々しき問題です。「予防原則」が悲惨な多くの犠牲のもとに人間の知恵で創り出したものであることを、医師をはじめ、報道に携わる記者らは、あらためてきちんと勉強しなければいけません。非常に残念なことに、彼らの多くはこれまでの公害の歴史も予防原則もよく知らないようなのです。言うまでもなく、すべての日本人が知っておくべきことですが、とりわけ社会に責任を持って発信する立場にある人たちは、予防原則は必ず知らなければいけないことです。教育に携わる専門家、教育現場の先生方にもぜひ理解していただきたいと思います。

予防原則とは、簡単に説明しますと、「環境から人が被害を受ける恐れのあるとき、科学的な結論が出ていないときには、安全サイドで規制することができる」ということです。この予防原則は、1992年にリオデジャネイロで開かれた「地球環境サミット」で決まりました。環境が要因となる疾病が発生するときは、科学的な根拠が明らかでなくても、とりあえず、安全策をとろうという国際的な合意です。「予防的」に厳しい制限をしているあいだに学問を進め、因果関係や体への影響などがはっきりしたら規制を解除するという世界の潮流です。

少し話題が外れてしまいますが、この機会に「予防原則」が決まる大きな原動力の1つとなった水俣病についてもお話したいと思います。

水俣病から学ぶべきこと

水俣病は、工場の排水に含まれていたメチル水銀に汚染された魚を食べていた人たちに、手足のしびれや運動失調などの症状が現れる病気です。この病気に水俣病という名前がついているのは、水銀による本格的な病気が発見されたのが、水俣が初めてだったからです。ちなみに、それまで水銀はごく普通に日常生活でも使われていました。たとえば、女性のおしろいに酸化水銀、神社の鳥居の朱色には硫化水銀、虫歯には水銀アマルガムが使われるといった具合に水銀は身近にありました。

水俣病について、水銀が毒物であるということが学問的に判明したのは、１９５３年に最初の患者さんが発見されてから何年も後になってからでした。その際に、漁業関係者は操業の停止を求めたのですが、水俣市民の多くは操業を続けることを望みました。水俣病についての法律もなく、学問的にも不明で、そのような状況において患者さんが出ているということで仮に操業を停止させた場合、その損害をだれが補償するのかという責任の所在も不明のままでした。

水俣病については学校教育で教える内容が不正確だったこともあり、多くの人は「水俣病」の発生について、「企業が水銀を毒物と知っていながら垂れ流した」と思い込んでいます。しかし、企業は国や熊本県が認可した排水基準を守っていました。

一般論として、ときとして企業は収益に走り、国民に被害を与えることがあります。そのため、国や都道府県などが審査をし、法律などに合格すれば認可を与える形をとっています。仮に自分が工場の従業員だったと考えてみてください。ある物質を使って操業しようと計画し、書類を役所に提出して認可を受ければ、まさか、認可を受けた内容を守って仕事をしていることで非難されることなど想像もしないでしょう。しかしながら、実際には、水銀汚染によって多くの患者さんを出し、その家族らをも苦しめることになったのが水俣病です。もし、もっと早くに原因がわかっていれば、また、水銀が原因という根拠はなくても、疑いや可能性の段階でなんらかの予防的な措置がとられていたら、被害の拡大はある程度は食い止められたのではないか、とだれもが思いました。今でも、水銀が常に毒性を持つのか、メチル水銀などのある状態の水銀が毒物なのかなど、はっきりとしない部分があります。ですが、人間はよくないことが起こるたびに反省し、知識を増やして、より安全で快適な社会を作ってきました。

学問的に因果関係がわからないために公害による病気が蔓延するという水俣病その他のつらい経験を経て、前述のリオデジャネイロで開かれた「地球環境サミット」(1992年)において、「原則15:予防原則」が世界的に合意されました。その趣旨は先ほども述べたように、「科学的に因果関係が不明な場合でも、怪しいときには予備的に規制することができる」というものでした。まさに、これが人間の知恵というものです。

科学や医学が日々進歩しているとはいえ、水俣病の水銀汚染などに代表されるように毒物は不意に出現したり、放射線の低線量被曝のように医学的に健康被害との因果関係がはっきりしていなかったりする場合は実に多いのです。その点からみても、今回の福島第一原発事故による被曝については、放射線感度が大人の約3倍も高いとされる子どもはとりわけ、法律で定められた1年1ミリシーベルトという基準値を守って生活しなければいけない、ということがわかると思います。

被害の拡大を防ぐためには、たとえ科学的に必ずしも十分でなくても、規制だけはある程度厳しくしておき、科学の進歩で原因が明らかになるまで安全サイドに立つというのが、１９９２年の「地球環境サミット」以降の世界の潮流です。因果関係がないと判明した段階で、規制を緩めるなどの方法をとればよいのです。

以上の点からも、福島第一原発事故後に文部科学大臣が子どもたちに対して「1年20ミリシーベルト」に上限を引き上げるという暫定基準を発表したことは、順法精神をもった善良であるべき教育機関としては愚かなことだったと言えるでしょう。

事故時の被曝限度とは

国民の被曝については、「平時の被曝限度」にプラスして、「事故時の被曝限度」が定められています。

たとえば、原子力発電所を設計するときに、「事故が起きる確率はゼロである」という前提はおけません。たとえば、飛行機においても何時間の飛行時間にこのくらいの墜落確率があるということは計算されています。もちろん、墜落確率があるということは、イコール墜落するということでありませんが、現実にはたとえば、材料の破損、爆発などの確率をゼロにすることはできませんので、そこに人間の許容範囲において許されると判断された適当な数字をおきます。

原子炉の場合には10万年に1度、重大な事故が起こる、この確率をやむを得ないものとして、設計を行います（設計基準の指針では、原子炉と格納容器が破損するのは「10万年に1回」、原子炉の損傷は「1万年に1回」とされています）。また、放射線が漏れた場合の被曝の上限も臨時的に1年5ミリシーベルトまで認めるという設計基準で審査をしています。

10万年に1度と一言でいえますが、10万年は非常に長い期間です。たとえば、ネアンデルタール人が滅びて現生人類（我々）が誕生したのが約3～4万年前です。また、現在のように地球が氷河に覆われない温暖な気候になったのが、今から1万年前です。これから10万年後はどうなっているのかといいますと、次の氷期に入っていて、地球は赤道付近を除いてほとんど氷

通商産業大臣は，実用発電用原子炉について，線量当量限度告示について，一般公衆の放射線安全のための基準を下記の表のように規定している。

なお，研究開発段階にある原子炉についても，試験炉線量当量限度告示により同様に規定されている。

項　目	限　度
周辺監視区域外の線量当量限度	
実効線量当量	1 mSv ／年
皮膚及び水晶体の線量当量	50mSv ／年

一般公衆に対する線量当量の限度

に覆われているはずです。

今までの原子力発電所の設計は、そのくらい長いスパンに一度だけ起こるような原発事故を想定して行われてきました。さらに、その事故のときに付近にいる人は1年間に5ミリシーベルト程度の被曝をすると想定し、さまざまな機器の設計、原子力発電所の敷地の大きさなども決まっています。

福島第一原発事故は原子炉と格納容器が破損していますので「10万年に1回の事故」です。そのような事故が、原子力発電所の運転開始が約40年、そして震度6の地震、100年に1度といわれる約15メートルの高さの津波で起こりました。完全な設計ミス、審査ミスであることは明らかです。

文科省が校庭での被曝量を1年20ミリに

さて、私たち教育者にとって深く考えなければならない一つは、文部科学省が校庭における被曝量の上限を1年20ミリシーベルトにし、被曝量が1年1ミリシーベルトを大きく超える子どもたちも多く出したことです。かつ、今でも福島を中心に、子どもたちが1年1ミリシーベルト以上の人工的な被曝を受けていますが、これがどのような結果になるかは、日本人のみならず、世界中のだれにもまったくわからない状態です。

２０１３年には福島県に住む18歳以下の人の内、検査の対象となっていた３万８０００人の内、10名が甲状腺ガンまたは疑いが濃厚で、そのうち３人が手術を受けました。国立がんセンターのデータによると、子どもの甲状腺ガンは10万人で０・６人ですから、人数を換算するとおよそ50倍程度と高い比率になります。

男女別も考慮して、子どもの甲状腺ガンの原因を推定することもできます。つまりこれまでの知見では、

① 通常の環境では、男児と女児では女児が平均的に3倍程度多いが、被曝による場合は、男児が増える。

② 通常の環境では、甲状腺ガンは8割が乳頭ガンであるが、チェルノブイリの事故の後のベラルーシの乳頭ガンは95％に上昇した。

これに対して２０１３年までの福島の子どもたちの甲状腺ガン（０～18歳）の状態は、

① 男児と女児の比率が同じ（１：１）で、ハッキリと普通の状態と違う。

② 12人の子どもに甲状腺ガンが見られたが、全員が乳頭ガンで、被曝の影響が強く見られる。

となっています。この状態を教育関係者が見れば「直ちに児童を疎開させなければならない」と心配になるのではないかと思いますが、福島ではその動きはありません。その理由は子どもの健康を第一にするのではなく、政府や自治体の方針を優先し、それに加

えて被曝と病気の因果関係がハッキリしないことを行動しない言い訳としていると思います。

　被曝と病気の因果関係がはっきりとわからない背景として、広島と長崎の原爆のときは戦争中の混乱期、チェルノブイリ事故当時は共産国の旧ソ連で冷戦時代だったことが挙げられます。発症したがんや遺伝的な障害については明らかになっているのですが、その人たちがどのくらいの被曝を受けたか、1年に何ミリシーベルトの被曝をしたかについては正確にはわからず、データが非常にばらついているのです。これが専門家の意見の違いとなって表れます。つまり、きちんとしたデータが揃っていないため、低い線量を被曝した人が健康に障害を受けたと考える専門家と、かなりの線量を浴びたので健康に障害が出たと考える専門家によって、意見は大きく異なってしまうのです。

　この観点では、今回の福島第一原発事故は大変不幸なことではありますが、原発事故による被曝量は相当、正確に計算ができると思います。したがって、子どもたちがどのくらい被曝したらどのような障害が出る、ということが将来、人類史上初めて明らかになると予想されます。まるで子どもを使った人体実験のような様相を呈していることに、教育関係者は議論を進めなければならないでしょう。

チェルノブイリ原発事故では約６０００人の子どもが甲状腺ガンに

チェルノブイリ原発事故では4年後から、普段ならば10万人に１人も出ないとされる小児甲状腺ガンが急増し始め、約６０００人にも上る小児甲状腺ガンが発生しました。いずれも15歳未満の子どもたちです（ＷＨＯ、世界保健機構調査）。原発事故で放出されたヨウ素１３１などが子どもの甲状腺にたまり、甲状腺ガンを引き起こしたのです。つまり、内部被曝が原因でした。チェルノブイリ原発から遠く離れた地域の牛乳も汚染され、その牛乳を飲んだ子どもたちも発症しています。

この報告を出しているＷＨＯはチェルノブイリ事故の直後には「事故で甲状腺ガンは発生しない」という報告を出しています。現実に、子どもに被害者が出たのですが、ソ連政府もＷＨＯの責任を追及していませんし、被害にあった子どもだけが被害者になったことを私たちはどう解釈するのでしょうか?

また、チェルノブイリ原発事故から約10年たったころ、今度は妊婦の体に異常が出てきました。事故当時に少女だった人が成長して妊娠したときに、死産や流産するケースが相次いだのです。たとえば、胎児に酸素を供給する役割を持つ「羊膜」の厚みをコントロールできなくなる障害があらわれ、厚くなった羊膜によって胎児が窒息死するという症例が報告されるようになりました。

このように、子どもは放射線の影響を強く受けやすく、大人よりも危険と言える一方、何年も経たないとどのような症状を発症するのかはっきりわからない、というのが被曝の影響の難しさです。また、先ほど述べたように、子どもと大人の被曝の差もはっきりとわかりません。

これらの「はっきりとわからない」ということが福島第一原発事故後、間違った捉えられ方をされるようになりました。曲解され、「たいしたことはない」「差はない」などと言われるようになったのです。人間の心理としてそのように考えたほうが心は楽になるのかもしれませんが、言うまでもなく、「わからない」と「たいしたことはない」「差はない」はイコールではありません。やはり、「わからない」ということを謙虚に認識し、安全サイドに立って子どもたちを守るのが大人の役割と理解すべきです。

子どもの生活に応じて個別指導が必要な被曝問題

被曝をする機会は子どものほうが多いという認識も必要です。たとえば、子どもは大人よりもマスクをかけにくいという点1つだけをみても、大人よりも体内に放射性物質を取り込みやすいことがおわかりになると思います。加えて、大人よりも背が低いため、呼吸する位置が地面から近いことにも注意を払わなければいけません。地面に降り積もった放射性物質を大人よりも吸い込みやすいからです。原子力発電所が爆発して放射性物質が飛散した直後は、空気中に放射性物質が漂っていますが、２週間ぐらい経つと、そのほとんどは地面に落ちます。しかし、放射性物質はなくなりません。一例を挙げれば、セシウム１３７の半減期は30年ですから、除染をせずに放置しておけば、ずっと地面の上にあるという状態が続きます。

また、子どもは砂場で遊んだり、グラウンドで運動したりする機会が多いものです。こうした場所を走り回ったりすれば、放射性物質を含んだ土ぼこりが舞い上がり、それを吸い込んでしまうことで内部被曝をしてしまう確率も高くなります。このように、地面からの距離によって被曝量は変わり、子どものほうが被曝しやすいということに注意する必要があります。

子どもの場合を簡単に大人と比べると、被曝に対する感度が大人の３倍、被曝確率が大人の３倍。合計して、子どもは大人に対して約10倍危険であると考えるのが、全体的には妥当でしょう。

子どもの場合、特異体質の場合もありますし、レントゲンなど医療的な被曝を受けることが多い子どももいます。被曝だけでなく、健康全般について言えることですが、子どもの健康管理については、平均的な子どもだけを想定して教育者が対策を行うわけにはいきません。子ども一人ひとりの体質、もしくは生活に応じた個別指導が必要です。その意味では、このたび突然起こった福島原発事故について、教育界では子どもに対するケア、対策、防護、個別相談などの準備が整っていなかった、準備が非常に足りなかったという現実は認めなければならないと思います。

今回の原発事故があり、さらに今後、日本が原子力発電所を続けていくならば、教育関係者として、子どもを被曝から守るための意識や対策のレベルを組織的に高く保っていかなければいけないことは明らかです。

第2章

原発事故と教育界

日本の教育界の問題も浮き彫りにした原発事故

福島第一原発事故は、日本の教育界の問題もあぶり出しました。

その第一の問題点は、学校は原発事故が起こるかもしれないと想像することも、原発事故が起きた場合の備えも心構えもなかったのです。それでは、2011年の事故を踏まえて、原子力発電所が立地する地元、および近隣の都道府県の学校は、原発事故に対してどのような対策を準備しておく必要があったのでしょうか。

原発事故の初期段階における深刻な問題は、直接的な外部からの被曝に加えて、内部被曝が非常に危険であるということです。

原子力発電所の爆発事故では、爆発直後の「第一撃」が最も危険です。そして、放射性物質は花粉や火山灰のように風に乗って流れていきます。「第一撃」と「風」、これがまずキーワードになります。

爆発事故の初期に児童生徒が被曝するのはどういう状態かをゆっくり説明します。

爆発事故が起こると、原発の場所からふわふわと上空に上がった灰（チリ）は風に運ばれて児童生徒の身の回りを取り囲みます。

この取り囲んだチリを仮に1000個とすると、その1000個のチリの一粒一粒から出てくる放射線が児童生徒の身体を貫く、これが「外部被曝」です。この放射線は児童生徒の体にも、測定器にも同じように照射されるので、危険ですが測定機があれば避けることもできます。

次に、児童生徒を取り囲むチリ（放射性物質）は子どもが呼吸をしますと、空気と一緒に肺や胃のなかに入ります。体内に入った放射性物質は元素の種類によって、長く体内に留まるものとすぐ排泄されるものがあります。

たとえば、ヨウ素１３１は甲状腺に入り、β線とガンマ線を出します。放射性ヨウ素による甲状腺がんが有名ですが、初期の被曝ではもっとも危険なものです。

次に、セシウム１３７の場合、平均の体内滞留時間は約３か月、幼児や児童など子どもが小さい場合は約１か月～２か月とされていて、主として筋肉にたまります。セシウムと並んで主要な放射性物質のストロンチウムは、カルシウムと性質が似ているので骨に蓄積し、なかなか排泄されません。セシウムもストロンチウムも30年と長い半減期を持つので、半減期だけを言えば10分の１になるのに約１００年を要します。

ヨウ素、セシウム、ストロンチウムは原発事故が起こった場合、特に注意しなければならない元素ですが、その他にプルトニウム、ウランなどの「重たい元素（質量数の大きい元素）」が話題になることがあります。

まずプルトニウムですが、「人間が作った最悪の猛毒」などと言われますが、実際にはなかなか毒性の実体はわかりません。

第二次世界大戦の時にアメリカはハンフォードの実験設備などでたびたび事故を起こし、プルトニウムを飲んだり、吸い込んだりした人がでたのですが、一般的には、肺に吸い込んだら肺ガンが起こりますが、胃に入った場合はあまり症状は見られないという感じです。

プルトニウムの粒子が肺に入った場合は、重たく、ほとんど水などに溶けないので、肺胞の奥深くに沈着し、半減期は種類によりますがたとえばプルトニウム２３９では約2万年と長いので、一生、被曝し続けます。その点できわめて危険と言われています。ただ、半減期が長いということは「ゆっくり壊れていく」ということなので、放射線が弱く、肺胞の回復力があればある程度は回復する可能性があります。実際には「わからないから注意するに越したことはない」という感じです。

一方、ウランはさらに半減期が長く主成分のウラン２３８では45億年という長さです。半減期が長いといつまでも放射線を出すのですが、その代わり、放射線は弱くなります。

放射線にはアルファ線、β線、ガンマ線などの種類があり、またそれぞれのエネルギーも違うので、一概に言えませんが、半減期が長いほど放射線も弱いので、放射線ヨウ素(ヨウ素１３１）のように半減期が8日というようなものは放射線が強く、ウランのように

45億年の半減期の場合は「放射性物質としてはそれほど危険ではない」ということになります。

また、ウランは人体にほとんど吸収されないので、「素通り」してしまいます。著者が今まで読んだ論文の記憶では腎臓への影響がごくわずかあるだけで、ほとんど無害に近いという感じです。

ともかく、これらの放射性元素から直接被曝する「外部被曝」と、体の中に取り込んだ「内部被曝」があり、1時間あたりどのくらい被曝するかという外部被曝に対し、内部被曝は、身体の中にいったん放射性物質を取り込みますと数か月の間、被曝するという区別があります。

そこで、初期被曝を避けるためには、幼児、児童生徒に必ずマスクをつけさせる必要があります。また、放射性物質で汚染された水を飲まないようにという注意も大切です。つまり、肺にも胃にも放射性物質を入れないという対策が必要です。

こうして説明すると、難しそうに感じるかもしれませんが、対策は比較的簡単です。便利なことに、セシウム137、ストロンチウム90、ヨウ素131の粒形《りゅうけい》、つまり、粒の大きさがだいたい0・3ミクロン以上、ほとんどは1ミクロン以上です。

これに対して、新型インフルエンザのウイルスの大きさは約0・1ミクロンですので、インフルエンザ用のマスク、たとえばN95といわれる95パーセント以上を除去できるインフルエンザ用のマスクを保育所や幼稚園、学校に常備しておけば、児童生徒の内部被曝を極端に減らすことができるということがはっきりしています。

これも知っておいてほしい基礎知識ですが、セシウムは水に溶けやすく、水ぶきなどで比較的除去しやすい放射性物質です。たとえば避難した後は必ず児童生徒の衣服を洗い、児童生徒にシャワーを浴びさせる、というようなことが非常に重要です。

原発事故が起こった直後、私はブログで「身の回りの放射性物質を除いてください」と呼び掛けましたが、多くの人は何をしたら良いかがわからないようでした。普段の生活では「汚れている所を掃除する」と言うことなのですが、放射性物質は「見えないほどの量で害を為す」というものなので、「一見してキレイに見える床、壁、布団や絨毯、衣服、器具、そして庭、校庭、樹木の葉や幹などに「赤い粉」がついていると思ってください」と呼び掛けたのです。

ある福島の小学校ではこの呼び掛けに応じて校庭の土を削り、放射線量は10分の1に減りました。また多くのお母さんが必死になって家の水拭きをして、放射性物質を取り除いてくれたのです。すべてのものが水に溶けるワケではないのですが、多くが水に濡れた雑巾で取ることができますし、水を使った洗濯をすれば落ちるのです。

私自身の今回の経験ですが、原子力発電所の爆発事故が起きた福島など放射線量の高いところへ行き、調査をして自宅に帰ってきて洋服を洗ったり、靴を洗ったりしましたが、一番とりにくいのは靴でした。靴にこびりついた放射性物質はなかなか除去できず、ずいぶん困りました。また、十分に放射性物質を取り除いていない汚れた体で布団の上に寝ますと、放射性物質が今度は布団についてしまい、布団を捨てなくてはいけなくなるということにもなりました。

つまり、放射性物質はなくなりません。いったん付着すると、どこかについていますので、それを早期に除去することが被曝を最小限に防ぐ手段の一つとなります。なるべく付着しないよう、できるだけ表面がつるつるした、凹凸《おうとつ》のない、たとえばカッパのようなものを子どもに着せる、ということも非常に有効だと思います。

避難で重要視しなければいけないのは風向き

もちろん、学校によっても避難の状況は違ってきます。原子力発電所に近い学校や、原子力発電所の風下にあたる学校などは、避難の際には特に風向きに気をつけなければいけません。

原子力発電所が爆発した場合、避難するうえで最も重要視しなければいけないのは「風向き」なのです。

福島第一原発が爆発した2011年3月12日の夕方、私はテレビを見て驚きました。

政府やＮＨＫ、専門家らが「遠くに逃げてください」と呼びかけていたのです。

なぜ遠くに逃げなければならないのかというと、「原発から放射線がでている。放射線は距離の二乗に反比例して弱くなるから、遠くに逃げれば助かる」と説明していました。何しろ説明するのが東大の原子力の教授、放送がＮＨＫですから、信じる方が普通です。

でも、これは全くの間違いでしたから、実際にはこれが致命的な被曝につながりました。原発の風下に当たる人が「遠くに逃げる」というのを信じて原発から離れました。そうすると、放射性物質は風に乗っておってきますので、その中にズッといることになりますから長期間、被曝しました。

放射性物質のチリはあまりに少ないので、目に見えませんが、飛んでくる状態は火山の灰と同じです。目で見える火山の灰で説明します。

次の図は鹿児島の新燃岳の噴煙ですが、折からの西風にのって真東に移動しています。もし火山から近くで火山の東に住んでいた人が、自分の方に灰が飛んできたらどちらに逃げるでしょうか？

当然、火山灰が流れてくる方向と直角に逃げます。もし自分が風下で火山灰が降ってきているのに、さらに火山から遠ざかろうと風下に逃げたら、火山灰はずっと追ってくるのは当然だからです。

いったい、ＮＨＫにでた東大教授はチェルノブイリ原発事故のことを知らないのでしょうか？ チェルノブイリ原発事故の爆発でも放射性物質が風で流れましたが、同じ遠さの距離であっても汚染の程度はまったく異なりました。

事故を起こした原子力発電所から約５００キロも離れている地域で汚染が目立つ一方、違う方角では約１００キロ以内でもまったく汚染されていない地域がありました。

冷静に考えれば当たり前のことなのです。

したがって、気象庁および気象学会、もしくはＮＨＫ、その他の報道機関ができるだけすばやく、爆発事故が起きた原子力発電所からの風向きを国民に報告する必要がありました。ところが、今回の福島第一原発事故では、気象庁はＩＡＥＡ（国際原子力機関）に報告をしただけで、国民に報告したのは１週間も後でした。

新燃岳（しんもえだけ）（鹿児島県霧島山系）

さらに信じられないことに、気象学会は、「国民が動揺するから、福島の風向きを発表するな」という気象学会の理事長名のステートメントを出しました。ＮＨＫも爆発事故直後は報道せず、約２週間後に風向きの報道を開始しました。

また、さらに報道機関の多くは、福島から記者を引き上げさせており、そのために当時は、福島の状態を詳しく報道することができなくなりました。

このようなことを一つひとつ非難するつもりはありませんが、「科学や事実を知っているのに保身のために、故意に間違ったことを言って子どもたちを被曝させた」というのも事実です。彼らの体質はなかなか変わることはないでしょうから、学校としては、児童生徒の命と健康を守るのはもちろん、被曝から守るために、独自になんらかの対策をとる必要があると思います。

たとえば、学校間で風向きについての連絡を取り合うことも一つの対策です。さきほど爆発直後の「第一撃」を最重視しなければいけないと書きましたが、肝心の政府や気象庁などの機関が風向きを発表しないのですから、子どもたちの初期被曝を防ぐためには、学校自らが風向きや放射線量の増加の動きなどを測定、把握することが求められると思います。

児童生徒をどちらの方向、場所に誘導すればいいか、保護者との連絡態勢をどうするか、ということなどをあらかじめ考えておきましょう。

ところで東日本大震災が起こってから地震が予想される地域や津波の恐れのある学校は、どうしたら子どもたちを安全な場所に移動させることができるかを考え、防災計画を立て、訓練をしています。

ところが、福島の学校を非難したくはないのですが、原発が爆発した時の想定や訓練はまったくしていなかったのです。

それには「原発の安全神話」、「原発が爆発しても大丈夫という宣伝」に惑わされたということもありますが、子どもを預かる責任から言えば、やはり原発の近く（最低でも直線距離で80キロ。風に乗ると200キロ）の学校を預かる教育者としては、事故を想定し、訓練を行っておく必要があったのです。

すでに20年ほど前になりますが、原子力潜水艦の寄港地になっているある市の市長さんが著者の所に電話を掛けてきて、「武田先生、原潜の事故が起こったときの訓練をしたいと思うのですが、どのぐらいの距離を逃げれば良いのですか？」と聞いてこられました。

恥ずかしいことに私は即答できず、調べても完全にはわからなかったのですが、「原潜寄港地の市長としてはいざというときの市民の命を守る責任がある。でも、日本で全く例が無いので教えて欲しい」と言われた真摯な心はとても印象的でした。児童生徒を預かる教育関係者もせめてこの市長のように考えて子どもを守って欲しいと思います。

現場から「爆発の可能性」は地元消防に通報されなかった

風向きを知るということが大切としても、まずは原子力発電所で爆発事故が起きたことを知らなければいけません。

それでは、どのような形で原発事故発生の通報が届き、私たち教育関係者はどのように児童生徒を守らなければならないのでしょうか。

ここで私から、教育界の対応について具体的な一つの指針を示したいと思います。

最初に、原子力発電所から学校への通報態勢からみていきましょう。

爆発事故や火災などでは通常、たとえば石油化学コンビナートで爆発があった場合は、コンビナートにある工場から直接（本社などを経由せずに）、地元の消防に連絡が入ります。通報を受けた地元消防は周辺の学校などにも直ちに連絡を入れるのが通常だと考えられます。

ところが、今回の福島第一原発事故では、事故の兆候を２０１１年3月11日の少なくとも夜9時ごろには現場は地震と津波で原発にどのような打撃があったかという事実を把握していました。

つまり、すでに翌日に原子力発電所が爆発する可能性が高いということがわかっていながら、現場の技術者はもちろん、発電所長すら地元消防に通報しないで、東京電力本社から政府へ連絡という流れをたどりました。これは国民に危機を知らせないという点で大きな問題でした。技術者としても失格です。

3月11日の地震と津波で原子力発電所は損傷し、原子炉を冷却することができなくなりました。地震直後のことで、現場はかなり混乱していたと思いますが、私が大きな原子力施設の責任者をやっていた経験では、自分の施設にある装置については手にとるようにわかるものです。とくに弱点はいつも気になっていますから、あることが起こるとそれによって連続的に続く「まずいこと」は走馬灯のように頭に浮かぶものです。

当時、事故後の詳細を時間と共に整理している新聞を読んで、私は次のように思いました。

① 3月11日の夕刻には、責任者（発電所長や運転主任）は翌12日に原子力発電所が爆発することがわかっていた。

② 爆発によって最低でも10京ベクレル規模（原発1基がその中に抱えている放射性物質の1000分の1程度。実際はその10倍程度が漏れた）の放射性物質が漏れることがわかっていた。

③ 福島の人に避難命令を出すことは、原子力発電所の責任者にはできないので（制

度上の制限)、東京電力本社に連絡し、そこでも住民には知らせず、政府に連絡が入った。

④ 福島県知事も11日夕刻の時点で、翌12日に原子力発電所が爆発して大量の放射性物質が漏れる可能性の連絡を受けたはずである。

仮に3月11日夕方18時ごろの時点で、現場からの「爆発の可能性」の連絡に対して政府、福島県が国民や県民に誠実だったら、直ちに気象庁に連絡して風向きを調べさせ、福島第一原発から西北(福島市方向)、および南(いわき市方向)の人たちに避難指示を出したと思います。

世のなかの多くの人は「政府や役所というものは、ことが起こらないまで隠すものだ」ということを経験的に知っていますが、原子力関係だけは「原子力基本法」によって「民主、自主、公開」という原則が貫かれています。その原則を約束しているからこそ、政府は国民から「原子力をやってよい」という〝お墨付き〟をもらっているのです。

つまり、3月11日夕方の時点で、政府は「福島第一原発が翌12日に爆発し、大量の放射性物質が漏洩する恐れがある」と発表し、直ちに風下の児童生徒、住民の避難準備(避難用のバスを用意する)、畑の養生(田畑の上にビニールシートをかぶせる)などができたはずです。

教育関係者はなにもしませんでした。事故の前に原発の責任者に対して「事故が起こりそうになったら、その時点で学校に連絡してください」と頼み、地方気象台に「その時にはいち早く風向きを教えてください」と依頼し、保護者とも話し合いをしておく必要がありました。

また、政府や自治体は「子どもを被曝から守る」と言うより、「自分の責任、国家全体のこと」を考える可能性が強い事、それでは教育関係者の責任を全うすることができないこと、連絡が遅れた場合の非常時の児童生徒の避難をどうするかを決めておくこと、など多くの点が忘れられていました。

また、教育関係者の中には「政府が間違ったら、政府の責任だから子どもを被曝させても仕方がない」という当事者の責任意識の低い人もおられました。子どもに危機が迫っているとき、「政府の責任だから被曝させて良い」と考える母親がいるでしょうか?子どもを守るのは関係する人すべての責任なのです。

危機管理とはそういうことです。危険が発生すると考えられるものについては、「危険が起こる前に危険を予想し、準備・演習する」対応が求められます。単に「危険がある」と口で言っているだけでは、危機管理ではありません。それは原発が存在する限り、今でも同じなのです。

爆発してからでは間に合わない！　学校への通報態勢の強化を

児童生徒の命を守るために、教育界は今回の福島第一原発事故を機に、電力会社および政府に通報態勢の強化を働きかける必要があるでしょう。

原子力発電所で事故の起こる可能性が発生した時点において、つまり福島第一原発事故でたとえますと、２０１１年3月11日の少なくとも午後9時には、現場から周辺の学校にも連絡をすることを求めるべきです。３月12日午後3時36分に1号機が水素爆発しましたが、爆発後に通報をしていては児童生徒の避難は間に合わないということをはっきりと伝え、原発事故の可能性が出てきた時点での学校への通報を強く要求する必要があると思います。

もし、当時そうしていれば、児童生徒が登校する前に、避難など適切な対策をとることができる可能性があったのです。

企業は社会的責任を負っています。したがって、自社のプラント、製造装置が何らかの事故になる可能性がある場合には、すみやかに地元の関係機関・施設に連絡するということが大切です。

日本の原子力発電所は「強い地震がくれば壊れて、場合によっては付近の住民が被曝する」という前提で作られています。その考え方は、２００６年に開かれた原子力安全基準・指針専門部会で提案された原子力発電所の新耐震指針において示されました。

当時、私は内閣府原子力安全委員会の専門委員を務めており、この専門部会にも出席していましたが、「原子力発電所は爆発することがある。そのときには原子炉は大きく破壊され、放射性物質が飛散し、付近住民が著しく被曝する。これを認識しておかなければいけない」という趣旨に驚き、「こんな奇妙なことはあり得ない」と抵抗したことを覚えています。

新耐震指針では、想定外のことは「残余のリスク」と書かれていました。この「残余のリスク」の範囲に入ったときは、住民は著しい被曝をする可能性がある、とされていました。もちろん、私は納得せず、質問のなかで「せめて『著しい』というところを取っていただきたい」という意見も述べました。「著しい」という書き方では、住民は「著しい放射線被曝のリスク」を負うことになり、いくら被曝してもいいことになってしまうからです。

残念ながら、さまざまな私からの意見や質問は結局、真剣には取り合ってもらえませんでした。

余談ですが、この「原子力発電所に想定外のことが起こったら、住民が大量に被曝することを理解しておかなければならない」という趣旨が明記されたものが新耐震指針の審議で出たときから、私は何のために原子力を研究してきたのかという強い疑念を持ち始めました。

ボンヤリと考えると「想定外」が起これば仕方がないと思いがちですが、なにが想定外か決まっていなければ、「想定外」はすべての場合になりますから、意味が無い言葉なのです。つまり「想定外の事が起きたら被曝する」という文章と、「原発は被曝するようにできている」というのは言葉のあやの問題で、実際は同じ事なのです。

その後、「日本の原子力発電所は地震で倒壊する」と世の中に警鐘を鳴らす本を2冊出版し、「原子力発電所はできれば運転しないほうがいい」という考えに変わっていったのです。

話を戻しましょう。

以上のような経緯があり、政府は、原子力発電所に何かが起こったら住民が大量に被曝することは認識していたはずです。しかし、原発事故時の実際の態勢や対策についてはあまり考えていなかったことが、今回の福島第一原発事故でも露呈されました。政府がこのようなお粗末な状態ですから、教育界も原発事故時の態勢や対策に関する通達を受けていたかは疑わしい限りです。

とはいえ、日本には現在、54基（うち福島第一原発1～4号機は廃炉）の原子力発電所が存在します。教育界としては、この問題をまずクリアしなければいけません。児童生徒が学校にいるときにも原子力発電所が爆発する可能性があるということですし、悠長なことは言っていられません。

さらに、使用済み核燃料の貯蔵所が爆発するという可能性もあるのです。「備えあれば憂いなし」とよく言いますが、やはり日ごろから「もし原子力発電所で爆発事故が起きたら……」と意識し、保育所や幼稚園、学校の現場ではどう対応するのかを考え、準備しておきたいものです。

保育所や幼稚園、学校は、子どもを守らなければいけない場所です。原子力発電所が爆発した場合、児童生徒に速やかにマスクをつけさせ、水を携帯させ、ビニールカッパを着せて、秩序正しく、風下に行かないように誘導しなければいけません。

その際は現場の教育者が引率する必要がありますが、このときに家庭との連絡態勢など諸々の問題をどうするか、ということも検討課題になります。

そのほかにもさまざまな問題がありますので、平時から十分に打ち合わせをし、シミュレーションをしておく必要があります。また、いったん避難先に行ったときに、児童生徒の衣類を脱がせてシャワーを浴びさせなければいけませんが、これをどういう手続きでやるのか、どこにそういう設備をつくっておくのか、こうしたことについても十分、検討しておくべきでしょう。

ヨウ素剤は飲ませるべき？　疎開先はどうする？

また、児童生徒の場合、最初のヨウ素の被曝によって、甲状腺ガンを生ずる可能性があります。

チェルノブイリの事故では旧ソ連の地域では約６０００人の児童の甲状腺ガンが発生しました。この場合の児童生徒というのは、０歳から14歳です。

したがって、ヨウ素剤を約20ミリシーベルトから約30ミリシーベルトの被曝をしたと考えられるときに投与すると、もっとも甲状腺ガンの可能性が減ります。ヨウ素剤には若干の副作用がありますが、副作用はひどくありません。これについてすでにソ連とポーランドの成功と失敗の例があります。

ソ連ではヨウ素剤のわずかな副作用を問題にして保健所に置いておきました。ポーランドは一方、わずかな副作用よりも、甲状腺がんのほうが危険ということで、各家庭に配りました。

そしてチェルノブイリ原発が爆発し、東風が吹いて、ベラルーシおよびポーランドが汚染されますが、ベラルーシを中心に約６０００人子どもが甲状腺ガンになり、ポーランドでは１人の甲状腺ガンも発生しなかったと報告されています。

ヨウ素剤の副作用による甲状腺ガンを上回るような重篤な障害者はその後ポーランドで出ていません。

また、児童がいったん避難所に避難した後、疎開先に移らなければならない場合があります。授業もありますし、いろんな教育上の配慮があります。その場合、疎開先をどうやって確保するのか、もしくは、児童生徒のどのくらいの被曝までさせていいかということの基準を決めておく必要があります。

福島原発事故では児童生徒に対して、1年20ミリシーベルトの外部被曝、それから、給食全体で17ミリシーベルト、合計で37ミリシーベルトという非常に高い基準を使用しました。

これは、放射線障害防止規則による1年1ミリシーベルトとは格段に違う数値です。また現在の胸のレントゲン検査で被曝する量は1回あたり0・05ミリシーベルトですから、37ミリシーベルトというと児童生徒に1年に740回の検査をさせることに相当します。

福島原発事故の前は「被曝は危険だ。児童生徒に被曝させるなどとんでもない」というのが日本社会のコンセンサスだったのですが、原発事故で180度変わり、「被曝は大したことはない」となりましたので、話が複雑になりましたが、一昔前を思い出してもらうと、「児童生徒に1年に740回胸のレントゲン検査をしたいのだけれど」と言ったとしたら、「とんでもない。なにかおかしくなったのじゃないか」と言われたでしょう。1年に740回のレントゲンが危険かどうかという医学的な話もありますが、保護者の納得性とか、教師の発言の一貫性という点でかなり大きな問題を残していると思います。教師の言うことを「聞いてもらう」ということは教師や教育機関が一貫性のある発言をする必要があるのは言うまでもないからです。

また「給食は大切だ」と言っても、文科省が内部被曝の限界を胸のレントゲンで340回分（17ミリシーベルト）としても「給食は団体生活を送る上で……」とか「規則で決まっている」という論理は硬直的過ぎると感じます。

事故直後に「給食を慎重に」と呼び掛けましたら、「児童生徒の栄養補給に欠かせない」という反論がかなりありましたが、放射性物質を含む食事は「毒物を含む食事」でもあり、この論理は「栄養補給が大切だから毒物を食べさせても良い」ということになります。これも責任逃れだったのでしょう。

さらに事故後、少し時間が経った後、子どもたちの教育の場をどうするのかも問題です。

疎開先をどうするのか、疎開することを決定するにはどのような手続きが必要なのかも検討する必要があります。さらに、チェルノブイリ事故の際に当時のソ連政府が実施したように、被曝した児童を夏休みに1か月ぐらい保養地に行かせることを検討することも大事でしょう。これは人間のホルミシス効果（被曝すると体内のガンが増え、このガンを退治するためのガン壊死因子の体内濃度が一時的に高まること）を期待したものです。このような態勢を教育界がどのようにとるのかということも今後の検討課題です。

また、教育では運動場での運動も大切ですが、このときにホコリやチリを吸います。これによる被曝量は今回の場合は、福島県以外の近隣では、だいたい年間0・1〜0・2ミリシーベルトと考えられますが、野球とかサッカーのようなかなり激しいスポーツ、もしくは地上すれすれで腕立て伏せのようなチリを多く吸うような運動をする場合には、さらに余計に被曝することが考えられます。

被曝地帯や汚染地帯でスポーツや教育をどのようにやるか、ということも事前に検討する必要があると思います。

さらに長期的には、特にスポーツ競技や郊外授業などの行事、山や海など非常に高い汚染が観測されるところへ行く行事、修学旅行やそれに準ずるものについても考えなければいけません。

汚染地帯への行事というものもあるかもしれません。これらは個別の児童生徒ごとに計画しなければいけないことになります。

すでに第1章で述べたように、被曝は足し算です。自然による被曝は1・5ミリシーベルト、医療被曝は2・2ミリシーベルト、核実験による被曝は0・3ミリシーベルトが上限で、それだけで1年4ミリシーベルトに到達しますが、これは平均的な値です。

1・5ミリシーベルトの自然からの被曝はほぼ児童生徒によって変わらないと思いますが、医療被曝は集団検診の胸のレントゲンなどを除いては、かなり個人によって大きく差があります。

胃のレントゲン、もしくは歯のレントゲン、CTスキャンなどを受けている児童生徒は、できるだけ被曝地帯には連れていかないことが肝要です。

逆に言えば、集団検診のみであって、ほとんどCTスキャンや歯のレントゲンを受けていないという児童生徒については、もちろん汚染地帯に積極的に連れていくということは望ましくありませんが、比較的、自由にあちこち出かけられる余裕はあるということがわかります。

スポーツ競技などについては、肺にチリを多く吸い込む恐れがあるため、できるだけ汚染地帯ではスポーツ競技をやらないことが大切だと思います。

ところが、これについては、今回はむしろ逆に「福島を活性化しよう」ということで、福島で多くのスポーツ競技が行われました。とくに女性の場合、女児でも、卵子などへの影響もあり、成人してからの発症もあり得ます。

そういう点では、長期的な視点に立ち、被災地を復興させるのもそれほど急がずに、やはり放射線の汚染レベルが下がってから、スポーツイベントを行うということが必要でしょう。

私は、大学という教育機関におりまして、また、中学校、高等学校とは接触はあるのですが、私のみるところ、小学校から中学校にかけては教育スケジュールが非常にタイトになっています。また、教員が大変に忙しい状態で、被曝などの問題が入ってきたときに、それを処理しながら、学校行事をこなしていくというのは非常に困難であります。そのために、児童生徒の被曝を覚悟の上で行事をこなしていくという例が多くみられました。

また、個人の先生で特異な行動をするということはなかなかできにくいので、やはり、教育界全体で、どのような被曝に抑えるのか、どのような注意をしないといけないのか、学校としてどうするのかを考えていく必要があります。

さらに、1年に胸のレントゲン740回という話が出てくる中で、心配する保護者に対しては、ちゃんと合理的に、法律的にも医学的にも教育界としてきちんとした説明をする態勢を日本はとらなければいけません。

これから原子力発電所を再開していく動きになるかもしれません。また、日本には核燃料廃棄物がすでに130万本ありますから、その処理や事故の可能性も考えて、学校は今から十分に準備をしておく必要があると考えられます。

このように考えていくと、原発を運転する国では、事故の準備はとても大切です。事実、アメリカなどではどこにいても、たとえば喫茶店でお茶を飲んでいても、急にサイレンがなり、15分は全速力で原発から遠ざかる訓練をする所もあります。もちろんそのような国は教育機関も日常的に訓練をしています。

日本は伝統的に「危険が迫ったら潔く散ろう」などと考える人がいますが、大人はそれでも良いかも知れませんが、子どもを道連れにするのは良いことではありません。ずいぶんすることがありますね。

学校経営と児童生徒の被曝

ここから幼稚園経営、学校経営と幼児、児童、生徒の被曝について考えてみたいと思います。

福島第一原発事故が発生したあと、意外な問題点が発覚しました。今回の原発事故では拡散した放射性物質により、広範囲の地域の幼稚園、小学校、中学校、高校など教育施設が汚染されてしまいました。

その結果、子どもの健康のためにほかの地域に引っ越す家族も多く、児童生徒がこれまで通っていた学校から転校していくというケースが相次ぎました。公立の学校には経営の危機という事態は訪れませんが、私立の幼稚園、小学校、中学校では、児童生徒数の減少は経営の死活問題に直結します。

放射性物質によって学校や校庭などが汚染されていることがわかりますと、児童生徒が転校したりしますので、児童生徒数が減り、たちまち経営の危機に陥るわけです。したがって、測定値を正直に公表すると、私立の幼稚園が経営難から閉園に追い込まれる、だから測定値を公表したくないというケースが多く発生しました。保護者と鋭い対立になりました。

もちろん、正面切った話では、「幼稚園が経営破綻しようとなんだろうと、健康のために園児を被曝から守ることのほうが大事」ということになるわけですが、現実的にはそういう選択はできないと抵抗した幼稚園が多かったのも事実です。

そこで、次善の策として「それでは幼稚園の敷地内を除染すればいいではないか」とみなさんも思われるかもしれませんが、除染には相当な費用が要ります。たとえば、かなり汚染された地域では、幼稚園の土を全部、入れ替えることが必要となります。

実際に、砂場はもちろんのこと、あらゆる場所の土をすべて入れ替え、さらには屋根や教室などの壁など施設全体をくまなく除染しないと放射線の線量が0・1マイクロシーベルト（1時間あたり。一応、安心できるレベル）以下になるということになりませんでした。これで多くの幼稚園経営者が困ったわけです。

さらに、「場所」による意識の差という問題も浮かび上がりました。爆発した福島第一原発が立地する福島県では、かなり汚染されているという事実が保護者および自治体の間によく行き渡っていました。

そのような状況のなかでどのように生活をしていくのかを、それぞれの立場で考えていました。つまり、自分たちは同じ立場にあるということを幼稚園の経営側も保護者側もともに認識しているという状態でした。

福島原発の爆発後、私はたびたび福島や茨城などに行く機会がありましたので、現地にはそのような共通認識があることを非常にはっきりと感じ取っていました。

原発から遠くになるほど、経営側と保護者側の意見に相違

ところが、福島第一原子力発電所から比較的、距離が離れている千葉県の北部なども含めた東京近辺では、状況は違っていました。

福島第一原発に近い地域とは異なり、被曝を危険と思う保護者と、それほどでもないという保護者がおられて、意見が統一できないという問題がありました。

また、保護者会などではいわゆる「被害者意識」が非常に強く出てきます。というのも、自宅は汚染されていないのに、子どもが通う幼稚園や小学校の校庭などが汚染されているという状態が発生したためで、これに対して保護者が幼稚園や小学校に強く抗議

をするという事態が生じました。

これは当然のことでしょう。保護者としては、幼稚園に子どもを送り出したものの、安全であるはずの園庭で被曝をする、ということでは困ります。小学生の子どもを持つ保護者も、わが子が給食で被曝するのは困りますから、保護者が学校側に抗議をするというのは正しいわけです。

実はこのように、原子力発電所から距離が遠くなるにしたがって、経営側と保護者側の意見や認識が極めて大きく異なるという傾向が今回の福島第一原発事故後にあらわれたのです。

これまでも述べてきたように、園児や児童生徒の健康を優先するのか、それとも経営を優先するのかというと、もちろん健康を優先しなければいけません。

しかも、法律的には内部被曝と外部被曝の両方を合わせた被曝限度が「1年1ミリシーベルト」と決まっているわけですから、幼稚園や小学校の経営側が法律を守るというのも当然の話です。「どうしてもお酒を出さなければいけないので、酔っ払い運転は仕方がないではないか」というような論理は、当たり前ですが、現代の日本社会では認められません。

しかし、ここにもう一つ、難しい問題があります。それは、教育を受ける権利が園児、児童生徒にあることです。権利とまで言わなくても、正常な教育を受ける機会はすべての子どもたちに与えられています。

つまり、もしも原発の事故がなければ、幼稚園や小学校ですくすくとカリキュラムに沿って教育を受けることができた園児、児童生徒が、原発事故のためにさまざまな制約を受ける事態は子どもの観点からみてどうなのか、という問題があるのです。

この問題は、福島からほかの地域に疎開するかどうかという議論でも俎上にのぼりました。

このような矛盾したことが生じた場合、大人の思考力と決断力が求められます。私は資源学が専門ですが、資源学の教訓をここでちょっとお話します。

「パンが100個あって、子どもが20人いるときは、子どもにゆっくりとパンをとらせろ。また、子どもが20人のまま、パンが10個になったら、争ってパンをとれ」と教えます。

これはどうしてかといいますと、子どもの数が10人で、パンが100個のときは、子どもが餓死することはありませんから、いわゆる平常な状態になります。ところが、子どもが10人いるままパンが10個になることも現実には生じるんですけれど、これは矛盾した状態が生じます。

この矛盾した状態のときに「我が子を餓死させても他人の子どもを救う」というのは、親としては不適切な判断である。つまり、親というのは、我が子を餓死させないように努力するのが親であると、こういう説明をします。

具体的には、たとえば、「石油が足りないから節約する」というのがこれにあたります。石油が足りなくなってきたので、日本国が節約をする、そうすると日本の発展が損なわれます。ところが隣の中国が石油をどんどん輸入すると、活動に差ができまして、結局は、日本の子どもたちは餓死しないまでも犠牲になります。

パンの話からいえば、幼稚園が汚染されているから被曝しても良いということは、親が子どもを餓死させる道を選ぶ、ということになります。こういった矛盾した状態が生じたときに、これをどうするかということに、非常に大人の思考力と決断力が試されるわけです。

今度、福島原発が爆発して、幼稚園、小学校、中学校が汚染された、しかし、経営はどうなのか、子どもの教育を受ける権利はどうなのか、原発を再開しようというときに、教育界としてどのように判断するか十分に考えなければならない。これに対して、この節では、さらに議論を展開したいと考えます。

放射線の測定器、測り方、測定頻度はどうする？

被曝から身を守るためには、また自分や家族の被曝量を計算するためには、身の回りが放射性物質によって、どれぐらい汚染されているかを把握することが重要です。

測定と一言で言っても、放射線の種類、それらの放射線を測る測定器の種類や精度、正しい測り方、さらには測定の頻度、場所はどうするのかなど、知っておきたいことはいろいろとあります。

まず、放射線の種類から簡単に説明しましょう。放射線は大きくわけて、アルファ線、ベータ線、ガンマ線、中性子線、レントゲン検査でよく知られるエックス線などがあります。それぞれ性質が異なります。

そして、放射線の種類によって透過力も違います。たとえば、アルファ線は透過力が比較的弱く、紙1枚で遮ることができます。ベータ線はアルファ線よりも透過力は強いのですが、アルミなど薄い金属やプラスチックで遮断できます。ガンマ線はベータ線よりも透過力が強く、鉛や厚い鉄板などでないと遮ることができません。

原子力発電所が爆発するときは、主として、ヨウ素、セシウム、ストロンチウム、プルトニウムの4種類の放射性物質が放出されます。

ヨウ素、セシウムは上空に放出され、ストロンチウムとプルトニウムは比較的重い物質のため土壌や海など下のほうに出ます。参考までに説明しますと、ヨウ素、セシウムはベータ線とガンマ線、ストロンチウムはベータ線、プルトニウムはアルファ線を出します。

ちなみに、福島第一原発の爆発後に舞い上がった放射性物質のチリは、風にのって東京にも飛んできました。東京の空気中のチリの放射能濃度が最も高かったとされる2011年3月15日午前10時～11時に東京の大気中にあったチリは、放射線医学総合研究所（放医研）のデータによると（あまりあてになりませんが）、それぞれ立方メートルあたり、ヨウ素131が241ベクレル、ヨウ素132が281ベクレル、セシウム134が64ベクレル、セシウム137が60ベクレルでした。

このうち、ヨウ素131は半減期8日、ヨウ素132は半減期1時間余りと短く、福島第一原発事故から2年以上も経過している現在は、測定対象として考えなくてよいでしょう。

これらヨウ素に対し、セシウム134は半減期2年、さらにセシウム137は半減期30年と長く、私たちは今もこれからもセシウムには注意して暮さなければいけません。セシウムはベータ線とガンマ線を出しますが、現在、家族を守るために身の回りで測る場合、衣類などを通り抜けて内部まで浸透しやすいガンマ線を中心に測定すれば問題ないでしょう。

測定頻度は、それぞれの状況などによりますが、しばらく自分で測定してデータをとり、それほど毎日あまり大きく動かない程度なら、毎日のように頻繁に測定する必要はない場合もあります。ただし、台風が来た、家を改築したなど、天候や環境に少し変化が出てきた場合は、必ず測定をしてください。

放射線測定器の精度ですが、最近の平均的な家庭用の放射線測定器でしたら約3分で測定できます。

放射線量の測定をより正確にするためには測定時間を長くすることです。一般的に「数を数える（この場合は崩壊した数を数える）」という場合は、3分の4倍の時間、つまり12分測定すれば、4倍のルートですから2倍の精度が出ます。

たとえば、3分で誤差が±0・1ミリシーベルトであったとすると、12分測定すれば誤差はその2分の1、つまり0・05ミリシーベルトという訳です。

また、繰り返し測定するとカンができています。いろいろな場所を毎日、測っていると誤差も、異常な値もいろいろなことがわかってきます。

正しく測るためのコツは、取り扱い説明書で指示されている測定時間（指示が3分ならば3分間）の間、測定器を動かさないことです。また、測定したい場所に測定機器を向け、その測定場所から1メートルぐらい離れたところで測定するというのが、精度がよりよく出る方法です。

ただし、たとえば園児が砂場で遊ぶような場合は、砂場から30センチ上で測定することが必要です。それから、これは汚染された場所で運動すること自体が望ましくありませんが、学校の運動部が校庭、グラウンドで腕立て伏せをするときなど口が地面に近づくような場合もやはり、地面から30センチぐらい上で測定しましょう。

気をつけていただきたいのは、直接的に地面にくっつけて測定しないことです。直接的に地面にくっつけて測定すると、そのくっつけた部分にある放射性物質からでる放射線だけの非常に偏った測定値になりますので、そういう測定の仕方は望ましくありません。

汚染された場所では表土の土を取り除こう

放射線測定器で測定し、たとえば校庭や園庭で比較的、放射線量が高いところが見つかった場合、どうすればよいのでしょうか。

最も簡単にできるのは、表面の土を取り除くことです。地面に降り注いだセシウムが表面から土の中に自然に沈んでいく目安は、おおむね1年に1センチ程度ですので、福島第一原発の事故から1年半以上経っている現在でしたら、まず表面の土を3センチぐらい削り、その削った土をたとえば園庭の中で園児が足を踏み入れないところに穴を掘り、表面から約30センチ下ぐらいのところに埋めてしまう、という対処方法があります。

もっとも、とりあえずの緊急的な措置であり、処理方法としてはあまりおすすめできません。というのは、それがやがて地下にもぐっていき、地下水などに汚染が広がる恐れがあるからです。このように望ましくない方法ではありますが、園庭や校庭の子どもを守るという観点からは、汚染された土が表面に出ているよりはまし、ということになります。

以上、具体的な放射線の測定の仕方、汚染された園庭や校庭に対する考え方をお話しました。

園庭や校庭については、政府が放射線に関する法規を無視し、当時から現場では大変混乱したと思います。福島第一原発事故の翌月4月、保育所や幼稚園、小中学校の校庭などを使うときの放射線量の目安として、文部科学省が年間被曝線量の上限を20ミリシーベルトという暫定基準を出しました。繰り返しますが、事故の前に学校自身がレントゲン健診などで言っていた限界と大きく異なります。しかも、この数値は外部被曝だけを考慮したものであり、外部線量以上に問題があるとされる内部被曝については考慮されていません。

校庭の除染（小高町・小高小学校）

もちろん、なかには心ある教育関係者や保護者もいて自主的な防護を実施されている方々もいましたが、概して学校現場ではこうしたことの周知さえほとんどなく、ちょっとした工夫で防げたかもしれない余計な被曝を受けた子どもたちのことを思うと、心が痛むばかりです。

最近は、「年間1ミリシーベルト」という法令の基準が世の中に広まってきていますが、肝心の国や自治体などでは「年間1ミリシーベルト」という法令を今もなお無視しているような状況です。

たとえば2012年4月から、一般食品に含まれるセシウムの新基準値が1キログラムあたり100ベクレルとなり（飲料水の新基準値は1キログラムあたり10ベクレル、牛乳の新基準値は50ベクレル）、これにより食品からの年間の許容被曝線量は1ミリシーベルトとなると国は言っていますが、惑わされてはいけません。

法令では「外部被曝＋内部被曝で年間1ミリシーベルト」と決まっていますから、この食品だけで1年1ミリシーベルトの新基準値については、今でもまだ政府が堂々と法規違反をやっているという状態といえます。

ですので、ここは教育機関の関係者や経営者らが、子どもを守り、また、保護者の信頼を得るためにも、外部被曝と内部被曝を合わせた年間被曝量を現実的に1年1ミリシーベルトになるように対策をするという決意をするべきだと考えます。

私が「政府の言うことにそのまま従ってはいけない」という理由は三つあります。一つは1年1ミリと決めたのも政府だからで、事故が起こったから児童生徒の被曝に対する体力が変化したわけではないということ、第二に子どもは大人より被曝のチャンスが多く、感度も高いこと、そして第三に、大人の場合は被曝が心配な人は自分で防御することができますが、子どもは学校などで一律に被曝しますから、「被曝を強制する」ということにならないようにするのが良いと思うからです。

無過失責任ばかりで処理すれば、事故が繰り返される

原子力事故の補償については、原子力損害賠償法などがあり、事故の責任を問うことができるようになっています。ちなみに判例では「無過失責任」、つまり、電力会社には責任はないけれども無過失に対して責任を取らなければならないということが一般的に言われています。

この無過失責任の考え方は水俣病のときに出てきたものですが、これはある程度、社会的にも定着していますので、無過失責任によって原子力発電所の事故に関する賠償が行われるということになります。

しかし、科学的見地からみると、「無過失責任」を認めるのは、お役所の「無謬の原則（お

役人は間違いをしない)」を認め、かつ裁判官の能力不足によるものと言わざるを得ません。無過失で事故が起こるということはないからです。

第1章でも少し触れましたが、たとえば水俣病の場合、公害を起こした会社が非難されましたが、決して会社には責任がありませんでした。

つまり、それまで水銀の毒性がわからず、国の認可を得て、その範囲で稼働をしていましたから、その企業には責任はありません。国のほうには責任があると考えられます。なぜかと言いますと、最初に国の過ちがあったからです。

新しい物質を使ったり、今まで少量しか使っていない物質を大量に使ったりするときに、それが国民に与える影響についてどのような審査を行うかという国の判断が間違っていたのです。

ところが、水俣病については明らかに国の責任でありますが、裁判は「無過失責任」と判断しました。その判断の裏には、「国に責任はない」という前提に従えば、「国には過失がないし、会社にも過失がないので無過失責任」ということになるのです。

福島第一原発の事故もそうですが、東京電力は国の許可を得て原子力発電を実施していますので、東京電力としては「国の許可のもとでやっているから責任はない」という立場をとるでしょう。そうしますと、今度は国の責任を問うことになりますが、国は自分たちに責任はないという立場をとる。そうなりますと結局、「無過失責任」という形で補償するということになります。

「いずれの形にせよ、補償させるのだから、それでいいのでは？」と考えてはいけません。こうしたことを繰り返していると、水俣病のときもそうでしたが、結果的に何をもたらすかと言うと、「事件、事故が繰り返される」ことになります。

たとえば、１９６８年に表面化したカネミ油症事件、ミドリ十字の薬害エイズ問題など、こうした問題はほとんど水俣病問題の構造と同じです。つまり、企業が新しい物質を使ったり、新しい方法を実施したりしようとするときには毒性や危険性がわかっておらず、その時点で国が責任を持って審査せずに認可するので、後々、結果的には毒物、危険物だったことがわかる、というケースです。

要するに、いずれのケースでも、新しい物質、新しい方法を導入する際に、「どうすれば社会を守ることができるか」ということについて、国の検討が不十分だったと言えます。

今度の福島第一原発の事故もそうでした。原子力発電所では事故は起こらないという国の政治的理由に従い、科学的には非現実的な状態で原子力発電所が運転されていたというところに問題があるのです。おそらく、このような問題が今後また発生しても、裁判官は科学的なことを考えもせず、無過失責任という処理をされると思います。

そして、事件や事故は繰り返される――。

裁判所は起こった事の責任を調べ、妥当な結論を得ることに全力を注ぎ、類似の事件がまた起こることを食い止めるという意識は余りありません。だから、「本当の原因」などはどうでもよく、「社会が納得すれば良い」という事になるのです。

でも、私たちは今後も子どもの健康を守る必要がありますから、国民に健康被害をもたらす過ちを繰り返さないためにも、今こそ、国全体が「どうすれば社会、国民を守ることができるか」という原点に立ち戻らなければいけないのではないでしょうか。

学校や児童生徒の泣き寝入り問題をどう考えるか

さて、賠償そのものの問題ですが、福島第一原発事故で受けた損害に対する賠償の程度と、実際の被害の状態とはかなり差があると考えられます。

たとえば、火災保険や自動車保険のように、長い経験や事例を積み重ねたうえでの判断に基づき、事故や災害による被害に対して十分な補償をする、ということになれば話は別ですが、原子力発電所の事故は非常に例が少ないうえ、放射線による被曝と人体の関係はよくわかっていません。原発事故については現実的には、被害を受けても因果関係を証明できないなどによって「泣き寝入り」せざるを得ない可能性があるのです。

「因果関係が認められないので賠償できない」というのは、法律的に、あるいは政治的にそうなのかもしれませんが、問題は教育界として、学校や児童生徒が受けた被害について賠償を受けるのをあきらめなければならない「泣き寝入り」問題をどう考えるか、ということです。

お金だけの問題ではありません。

原発事故によって避難した場合など、教育の機会が失われることがありますから、その場合の補償をどうするのかという問題も出てきます。この場合の補償というのは、お金の面での補償ではなく、学力や学ぶ機会などにおいての損失に対する補償が想定されます。

本来ならば得られるはずの教育の機会を原発事故によって失った場合の補償というものを、教育界としてどうとらえていくのかを検討していく必要があるでしょう。

また、疎開先の準備をどうするのか、原発事故で放射性物質が拡散した最初の1か月間だけ避難させるのか？など、教育現場でどのような考え方をしなければならないのかを、このような諸々の問題についても、福島第一原発事故から2年以上経ちますが、教育界ではほとんど議論されていません。残念ながら、教育界も思考停止しているのが現状です。

関西電力の大飯原発3号機、4号機が2012年7月に運転を再開しましたが、ほかの原子力発電所は事故後2年を経過した今でも再稼働していません。しかし今後、再開をする可能性があります。

ということは、原子力発電所の近くの幼稚園、学校では当然、児童生徒を原発事故から守るために、どのようなことをしなければいけないのかをきちんと考えておかなければいけません。

さらに言えば、家庭での教育についても教育界は目を向けるべきでしょう。福島第一原発事故でも、お父さんが単身赴任になってしまう、お母さんと子どもだけが遠くの地に避難する、などのような例が多くありました。

家族が離れて住むような事態になった際、教育界としてはどのようにフォローしていくのかも検討課題です。

よく知られているとおり、日本国憲法第25条には「すべて国民は、健康で文化的な最低限度の生活を営む権利を有する」と明記されています。当然、被曝地帯では到底、健康で文化的な生活を送れるという状態ではありません。このことについて、私はたびたび申し上げますが、政治や経済の分野でどのように考えるかとは別に、教育界としてこの問題をどうとらえていくのかという課題があると思います。

最近では金銭面、身体面以外の「精神的苦痛」も損害の中に含まれるようになってきました。これはとても良いことで社会の進歩、野蛮から文明的社会へと変化していると言えます。

でも、福島原発事故以後、多くの保護者の方が大きな精神的な苦痛を受け、その苦痛を与えたのが文部科学省、教育委員会、校長先生など、本来なら保護者側にたってその利益を守る立場にある人が、逆に反対の言動をしたということが衝撃的です。

いくつかの例を挙げたいと思います。

まず、保護者に取っての最初の衝撃は、この本にも書きましたが、「1年20ミリまで」という学校での被曝限度です。1年1ミリから20倍に被曝限度を上げたわけですが、その根拠として文科省大臣が言ったのが、「ＩＣＲＰの考え」でした。

ＩＣＲＰというのは外国の任意団体（ＮＰＯ）です。日本の法令が科学的に正しいかどうかは別にして多くの保護者は法令で定められている限度が、外国の団体のステートメントで20倍に上げられることに不安を感じました。

このことについて個別の保護者が校長先生などに疑問を投げかけると「国が言うのだから」の一点張りだったようです。著者の所に保護者の方からの嘆きが多く寄せられました。

また、大臣の発表に伴って校庭や校舎での被曝量の計算方法が文科省から説明されましたが、「学校だけで被曝する」という無理な前提でした。もちろん、福島などにお住みの方は自宅や通学経路で被曝されるのですから、「文科省は学校だけ。学校で1年20ミリにならなければ後は知らない」ということでは、子どもを守る事にはなりません。

次に、これは教育界ではありませんが、ご自分やお子さんが住んでいたり、遊んだりする場所、通学路、公園などによる被曝を心配して地方自治体に問いあわせると、「大丈夫です」ということしか返ってこないことが多かったのです。

さらに「1年1ミリシーベルトを超えているから」とお母さんがお役人に言うと、お役人が「そんな法令はありません。1年100ミリまで大丈夫と政府が言っています」というような答えをしていました。

事故後、1年ほど経って、厚労省大臣やその他の人が1年1ミリという法令規制を公に認めるようになったのですが、その時までにかなり多くの被曝をした児童が多かったのも事実です。

子どもについて保護者が不安を訴えても学校は相談に乗らず、自治体などが通学路などを改善しなくても、学校は保護者を支援しませんでした。「心配する保護者は異常だ」という見方すらあったのです。

もう一つの問題は、「スポーツ」です。

子どもにとって、また子どもの発育についてスポーツが最も大切なものの一つであることは言うまでもありません。幼稚園の子どもの場合は砂遊びなどもとても大切です。

しかし、事故直後から運動場での運動はきわめて危険でした。セシウムをはじめとした放射性物質は運動場に落ちて、風で飛散していました。それが呼吸で児童生徒の体に入るのは容易に推定できましたが、一方ではクラブ活動などをしたいという子どもの希望にも添ってやりたいというジレンマで保護者は苦しんだのです。

今、クラブ活動を止めれば子どもが可哀想だし、もし続けさせて10年後に発病したらさらに申し訳ない・どうしたらよいだろうか？ と悩んだのです。

でも、学校もクラブの責任者も、また文科省も責任を逃れ、子どもを守るという視点からはほとんど何もしませんでした。

著者の知る限りでは、福島県のサッカー関係者が「サッカーの練習で子どもを被曝させない」ということでグラウンドの土の除去、測定、練習時間の制限などを行った例や、ある体育の先生が「被曝を避けるためにグラウンドの運動をしない」ということを言われたことの二例がありました。

しかし、多くの学校やスポーツ団体は「被曝に負けてはいけない」という前時代的・精神的なことを言って、結局は学校や団体のノルマを優先し、子どもたちを被曝させました。福島県や全国レベルでは、福島県で多く開催されたスポーツ大会もその一つです。

原発爆発後の福島、および近県はさまざまな意味で大変でした。生活自体も難しいし、被曝の危険性はある、農作物は売れない、観光は全滅に近い、だから福島県を救おうというのは良いでしょう。著者もテレビで「原発を採用したのは国民の責任だから、日本人全部で福島県を救おう」と呼び掛けています。

でも、実際に実施された方法は評価できません。つまり、「子どもを被曝させることによって、お金を福島に落とそう」という方法だからです。

著者もあるところで農家を代表する議員の方に罵倒されましたが、「福島の農家の苦労がわかるのかっ！」と言うわけです。その議員がこれほどカッカとくるのは、農家が票を持っているからです。それに対して子どもは選挙権がないので、子どもの健康を心配してくれて、子どもの利害を代表してくれる人は保護者と学校関係者のはずです。

保護者の多くは子どもに対して愛情があるのが普通ですが、かといって法令で定められた被曝限度が1年1ミリであるというようなことを理解しているとは限りません。また、「国やNHKが正しいことを言う」と思っている保護者も多いので、国が大丈夫と言えばそのまま信じている親もいます。

だから、ここは知識があり、組織的な活動ができる教育界が子どもを守る必要がありましたが、原発事故の後の結果はまったく逆でした。原子力の国の予算だけで1年に4500億円もあり、その約6分の1で福島の農家などを補償する事ができたのに、現実的には教育界もどこも動かなかったので、子どもを被曝させて農家を助けるという奇妙な結果になりました。

次のような例が見られました。

NHKのアナウンサーで福島原発事故の後の報道が国の指導にしたがってしまったと

いうことを反省して、それをブログなどで書いた人がＮＨＫの中で看板番組を降ろされ、自分と関係の無い料理番組だけを担当させられるようになったことで、ＮＨＫを退職しました。

これについてＮＨＫは「自己都合」と発表しましたが、報道機関としてのＮＨＫは正しく次のように説明しなければなりません。

「原発報道のあり方についてＮＨＫの基本方針と異なる言動が見られたので、ニュースなどの主力番組を降板させ、料理番組にまわしたところ、本人はそれを不服として退社した」

報道機関はどんな場合でも、それが自分に不利になろうとも、事実を報道する必要があります。他人の事は他人が不利になっても事実のまま、自分の事実は自分の不利なことは抜かすというのでは報道機関の倫理に反すると言わざるを得ません。

著者の経験ですが、ある有名な地上波のテレビ番組で、「東北の子どもにたちに汚染された食材を食べさせるな」と「岩手県一関に放射性物質が降ったので注意を要する」ということを言いました。そうしたら放映の次の日に「武田教授、不適切発言」という記事が全国一斉にでました。

なにが「不適切」かというと、一つは東北の食材と言っても汚染されていないものもあるということ、第二に一関以外も汚染されているのに、なぜ一関だけを言ったのかということ、の2点です。

著者の発言には背景がありました。一つは農水省が原発事故の後、福島を中心とした原発から近いところの農産物が売れなくなったので、「産地を示さないように。示すときには「東北」と示すこと」という通達を出したこと、第二に福島ではすでに書いたように学校では1年20ミリでしたが、大人は平均的にその10分の1の1年2ミリぐらいの被曝で推移していました。

大人はスーパーで汚染されていない食材を選べますが、子どもは給食で食べるものを選ぶことができないという状態にあったのです。著者は常に「大人より子どもを守る」という考えなので、このテレビの発言になりました。

また、原発からでた放射性物質の第三波が岩手県に行ったのですが、一関付近に集中的に落下しました。「危険を知らせる」というのは専門家としての義務であり、それはインフルエンザが流行しても、戦争になって爆撃機が飛来しても、また原発事故で放射性物質が流れても同じ事です。原発だけがどこに放射性物質が流れたかを言ってはいけない、それは汚染された物を隠すことができないからと言う理由は普通には無いことです。

事実、その後、岩手県一関では、セシウムに汚染されて出荷できなくなったウシが発生し、農作物の多くも汚染されました。できるだけ早く情報をとり、畑にカバーをするなり、ウシの食べさせる牧草に注意するなりすれば防ぐことができたかも知れないのです。

また、事故直後から学校の行事に被曝地を選ぶと言うことが盛んに行われました。ある中国地方の保護者から「学校で日光に旅行に行くことが決まりそうだ。何とか止めてもらえないか」という相談が来ました。

日光は不幸にして第一波の放射性物質が流れて落下したところで、1時間に0・5マイクロシーベルト程度の汚染が見られました。一日3000人もいた観光客は一時17人まで減少したのです。なぜ観光客が減少したのかというと、被曝を減らそうと大人が考えたからです。確かに日光に1日いても1時間あたり0・5マイクロシーベルトですから、一日で10マイクロシーベルトぐらいしかなりませんし、それは1年の規制値の100分の1にしか過ぎません。

では、なぜ多くの環境客が日光を避けたのでしょうか?そしてなぜ中学校は生徒を日光に連れて行こうとしたのでしょうか?

一つは「原発事故で被曝が増えたのに、わざわざ汚染地帯に旅行したくない」という自然の感情と、法令的には1年1ミリシーベルトというのは、1時間に0・11マイクロシーベルトということであり、食材からの汚染を考えれば、0・5マイクロシーベルトという日光にはできるだけ行かない方が良いと言うことになるからです。

それに対して中学校では、「生徒を数日間、日光に連れて行っても数10マイクロシーベルトにしかならない。これを避けなければならないというのはヒステリーだ」という反応をします。どんな危険でも、ある行為だけをとれば安全圏ということがあります。食品でも一食だけなら大丈夫でも、一年を通じて普通に食べると害になるということで基準が決まっています。

毒の入った食品を「一回だけなら食べても大丈夫」などと言うでしょうか？

子どもの健康のことを我が身ほどには考えていないということがハッキリしています。著者はメールで校長先生に日光への旅行を中止してくださるように呼び掛けましたが、ダメでした。

このように学校が生徒の被曝を故意に増やした例は本当に多く、それによって心配した保護者はきわめて多いのです。その中には著者が思わず「なぜ？」と聞きたくなるようなケースもありました。

学校の年中行事だからという理由もあり、極端なケースでは「昨年も日光に行ったから」という理由を示した学校もありました。その時点では「昨年」というのは原発事故の前であり、現実的に原発が事故を起こし、汚染されたという新しい事実を何ら考慮しないという硬直した教育現場を見るようでした。

このような教育界の乱れに対して、著者は校長先生や教育委員会にも多く呼び掛けましたが、全く梨の礫でした。このことをブログに書いたら教育を担当している現場からは「武田先生はムダなことをしている。今の教育委員会や校長先生で児童生徒の健康に気を配ったり、国の方針に逆らって子どもを守ろうという人はいない。学校の人は「ヒラメ」（上層部にだけペコペコする）と呼んでいるのを知らないのか」というようなご指摘をいただいた事があります。

人生はお金ではありません。特に教育という神聖な職業に就いたからには、名誉やお金をおいて子どものために身を捧げなければならないのですから、このようなメールを頂き本当にがっかりしました。

教育界がほとんど声を上げなかった原子力予算の問題

原子力予算は先に触れたように毎年、直接的なものだけで約４５００億円あります。しかし、このお金は実際には、今回の福島第一原発事故のために使われることはありませんでした。この年間４５００億円から除染費用も福島の人たちを助けるお金も一切、出さなかったのです。このことを大手マスコミがきちんと報道することもありませんでした。

福島を中心とした地域で放射性物質に汚染された野菜や米など農作物を買い上げる費

用は、私の計算では、全部で７００億円ぐらいだったと思います。これに対し、１年の原子力予算が４５００億円ですから、福島第一原発事故が起こったときにこの原子力予算の６分の１を使えば、汚染された食材を農家から全部、国が買い上げることができたのです。

結論として、子どもたちの給食に放射性物質で汚染された食材は使わなくてよかったはずです。ところが、現実には「地産地消」、「子どもは元気に、雄々しく育たなければいけない」、「放射線に強い、放射線の恐怖に負けない子どもをつくらなければいけない」というような、非常に前近代的な呼びかけのなかで、政府はこの４５００億円を結局は原子力関係者に交付しました。

放射性物質で汚染された農作物を全量、買い取るのに７００億円。ある放送局が「２０００億円も除染にかかるなら、除染はできません」と言いましたが、この両方を足しても、２７００億円。１年間の原子力予算の約半分でした。

子どもたちに多大な影響を与えるような原発事故が起こったのに、原子力予算はほとんど教育界には投じられませんでした。このことに対して教育界もほとんど声を上げなかったという問題もあります。

もちろん、現実的にはこうした事実が報道されなかったということが大きな問題ではありますが、私も教育界の１人として原子力予算４５００億円の存在を知っています。

したがって、私はたびたび声を大にして警告しました。

しかし、教育界は動きませんでした。やはり、今回の福島第一原発事故後に教育界が動いて政府と交渉し、「原子力予算4500億円のうち1000億ぐらいでも教育界に投じてほしい」と訴えるべきでした。それによって教育界は子どもを被曝から守ったり、子どもの疎開先を調べたり、いろいろな手だてができたと思います。

ところが、現実にはそうした交渉すらも教育界はまったくできませんでした。こうした問題を教育界は反省しなければいけないでしょう。

教育界の検討課題としてはこのほか、地域によって問題が異なることも考慮しなければいけないことも挙げられます。福島第一原発の近辺の問題と、関東や中部地方の問題、北海道や青森、秋田の問題、それから九州、四国、沖縄など比較的に遠く離れた地域の問題とは、それぞれかなり違います。

子どもの教育についてもずいぶん大きな問題を生じました。これもまた教育界として、原発の近くに住む子どもたちや保護者の問題、もしくは、少し離れたところの子どもたちと保護者の問題ということについてもしっかりと検討をしておく必要があると考えられます。

第3章

原発の再開と教育界の課題

本章では、原発が再開される可能性があることに注目し、そのために教育関係者はなにを知っておく必要があるかについての基礎的な事項を整理しました。

国家が原発の再開をするかどうかということは、第一義に国家が決めることでありますが、それとともに民主主義国家における教育関係者として児童生徒の利益を代表して、また教育的見地から、原発再開についての賛否や制限条件について日本社会に発信していく必要があると考えられるからです。

本章は前半が原発の安全性に関係するもの、後半が日本のエネルギーなどの関連事項に関するもので、いずれも日本社会の指導層としての教育関係者としては必須の知識であると考えられます。

原発再開の要件

原発の安全を決める主要な論理は、今、原子力規制委員会やマスコミなどで取り上げられているのとは少し違い、

① 固有安全性
② 多重防御
③ 耐震性・随伴する打撃への防御

④　事故拡大防止
⑤　核廃棄物処理
⑥　被曝と健康

の6つです。これらはすべて原発の安全に深く関係しています。現在の日本で議論されているような活断層とか防潮堤などは副次的な安全論理で、方向を間違うと日本はまた原発事故で苦しみます。一つ一つを詳しく整理する前に、聞き慣れないものもありますから、最初にざっとまとめておきます。

❶　固有安全性

火災が起きても防御が可能なのは、燃えている家屋に消防士が接近して水を掛けることができるからです。しかし原発は事故が起こると近づくことができないので原発自体が「固有安全性」、つまり自分で自分の事故を止めたり、汚染が収まる

大飯原子力発電所（福井県大飯郡）

機構が必要とされます。

これまで日本の原子力関係者は日本の原発が「固有安全性を持っている」としていましたが、それは福島原発事故で間違っていることが明らかになりました。従って、もし今のままなら、原発は「固有安全性無しで安全になりうるか」かどうかの議論が必要です。

❷ 多重防御

人間の作る物には間違いがあり、また何が起こるかも正確にはわかりません。そこで原発のように高度な安全が必要なものは「多重防御」が必要です。たとえば、主電源が破壊されたら、予備電源、予備電源が破壊されたら非常用ディーゼル発電ということです。

一般的に停電することがありますから、「停電したら爆発する」のでは到底、原発を運転する事はできません。そこで予備電源を持ちますが、予備電源と主電源は「配電」を使うので、配電が損傷したら爆発するので、ディーゼル発電を備えるということです。福島原発事故で主電源、予備電源、非常用電源の3つが同じ場所にあり、同時に破壊されるという事態が起こりました。これは「多重防御」というのが架空であったことを意味しています。日本の原発は海岸線にあり電源は地下にありますから、「多重防御」をされていませんが、原子力関係者は「多重防御」を捨てるのかどうかの見解を示すべきです。

❸ 耐震性・随伴する打撃への防御

世界で震度6以上の地震がくる（津波や液状化などは地震と同伴するので耐震性と呼ぶ）ところにたてられている原発は日本だけと言えます。

これまでも、世界の原発で震度6以上の地震に耐えた原発はなく、日本は1年に1回以上の震度6の地震があるので、「活断層があるかどうか」ではなく、「原発の震度設計をいくつにするか」を明確にする必要があります。

福島原発で地下水が原子炉建屋の中に浸入していると考えられますが、メルトダウンではコンクリートはさらに密になるので、むしろ地震による亀裂と考えた方が自然です。以上の3つは「原発の運転中の安全を保つための基本的論理」ですが、「安全」というのは「運転だけ」に留まるものではありません。

❹ 事故拡大防止

「安全」というととかく「原発が爆発したり事故を起こしたりしないこと」と思いがちですが、どんなものでも「安全を守る」というのは、付随的なことも完璧になっていなければなりません。

たとえば、石油コンビナートには必ず専属消防隊がいます。もちろん石油コンビナートは安全に万全を期し、事故が起こらないようになっていますが、それでも火災などが起きます。その時に市営消防では手に負えない化学物質の火災があるので専属の消防隊が必要です。

そんなことはあまりにも当たり前で、「事故が起こったときどうするか、事故を起こしたものをどのように処理するか」が決まっていないで「安全だ」と言っても笑われてしまいます。

でも、今の日本の原発の安全議論は石油コンビナートで言えば「消防車や救急車は要らない。燃えたらそのままにしておいて良い。火傷をした市民は知らない」という状態です。つまり福島原発が爆発した時、巨大な施設にほとんど「事故を抑える消防や防御」がなく、「事故後の原発をどうするのか」もわからず、「汚染水は流しっぱなし」になっています。

❺　核廃棄物処理

核廃棄物の処理は「安全以前」と言えます。つまりどんな工業でも「そこからでる環境汚染物質をどのように安全にするのか決まっていないで操業が許可される」ということはないからです。

環境省という役所は本当にどうにもならない役所で、相手が弱いとなると「ゴミはかたづけろ！排水は自分で処理しろ！」と言うのに、相手が東電となると、「良いですよ。原発からでる核廃棄物は環境省とは関係がありません」と知らぬ顔できたのです。国民を環境汚染から守るために税金をもらってきたのに、「例外」が多いのです。

著者がテレビで「安全な原発推進派」と言ったら「核廃棄物の処理が決まっていないのに、なぜ安全なのか」という読者からのお叱りがありましたが、読者の方も日本社会の歪みの影響を受けてしまったようです。

核廃棄物の処理が原発の安全にかかわることは当然ですから、「核廃棄物の処理と処理するところが決まっていて初めて『システムとして安全』になる」からです。

❻ 被曝と健康

最後にもっとも大きな問題は「被曝と健康」の問題がハッキリしていないことです。日本は長く「原爆反対運動」を続けてきました。その理由は「単なる爆弾では無く、その後、被爆によって原爆症で苦しむ人がいるから」というのが主たる理由でした。つまり「被曝と健康」の問題を世界に訴え続けてきたのです。

そして、原発の基準として、

① 平時は1年1ミリ以内。

②きわめて希に起こる（国際的には10万年に1度程度）事故では1年5ミリまで。

③土壌汚染は1平方メートル4万ベクレル以下。

④クリアランスレベル（自由に取り扱って良い）は1年に0・01ミリシーベルト。です。

しかし、福島の事故ではこれまで日本国が自ら決めてきた基準を簡単に放棄し、ICRPという外国のNPO（任意団体）が言ったという数値や個人の医師が自らの経験に基づいて「大丈夫」という値を採用してきました。

法治国家でなぜこのような事が起こったのかというと、被爆と健康の問題が広島・長崎の原爆以来、まだ「学問的な結論」がでていないからです。

このような間接的な問題についても、固有安全性、多重防御、耐震性という3つの直接的な安全概念とともに、ハッキリと決めておかないと原発の安全指

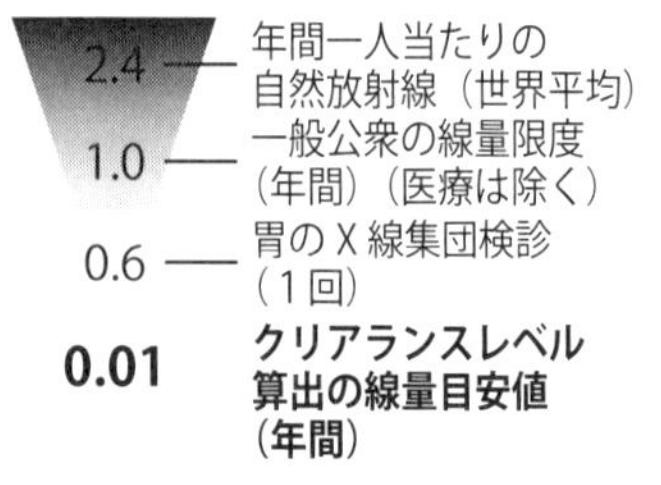

全般にわたる罰則引き上げ

罰金30万円以下→ **100万円以下**
罰金50万円以下→ **300万円以下**

廃止措置義務違反，譲渡・譲受制限違反等の厳罰化

罰金30~50万円以下
→ **1年以上の懲役若しくは罰金100万円以下又は併科**

放射性同位元素等による放射線障害の防止に関する法律の改正の概要

針を決定することはできません。

それでは次に一つ一つについて、詳しく解析をしておきたいと思います。「原発は安全か？」という問いに対して「政府は＊＊＊と言っています」というのではなく、教育関係者として社会の指導層として自らの見解を述べたいものです。

1 固有安全性

原発事故が他の工場や家屋などの事件や事故と全く違うのは、事故を起こした原発に近づくことができないということと、万が一、原爆のような爆発をすると付近一帯が壊滅するという特徴をもっている事です。

つまり、戦争は別にすると原発のような危険な物を使うことはないので、原発は「固有安全性」を持たなければならないとされていた。

原発というのは事故が起こると「近づくことができない、爆発は大規模」、という二つのことから「事故が起こったり、起こりそうになると、人が防ぐのではなく、自動的に事故に至らないようになること」が不可欠だと考えられていました。

これを「固有安全性」と言い、運転中の正常な状態から、違う状態になろうとすると自動的に元に戻るのです。

その一つが「核爆発の防止」です。原子炉のタイプには、水で冷やすものと、黒鉛のような固体を使うものがありますが、原子炉内の核反応が暴走し始めると、黒鉛は固体ですから温度が上がっても状態が変わらないのに対して、水は蒸発しますから変化します。

少し難しい話ですが、原子炉内で核反応を続けるにはウランから発生する中性子を「減速」、つまり中性子のスピードを下げなければなりません。そのために「水」や「黒鉛」が必要です。

ところが核反応が暴走し、原子炉の温度が上がると水は蒸発してしまいますので、中性子はスピードが落ちずに、核分裂が止まります。これに対して黒鉛などではそのままなので、核反応は暴走してしまうということです。

現実的にはチェルノブイリ事故の場合は、黒鉛炉だったので、核反応が暴走し、原子炉が破裂しました。このことから日本では軽水炉（水を使う）を採用していましたので、核反応については固有安全性（事故が起こり、核反応が進むと温度が上がり、水が蒸発して、核反応が終わる）を持っていたのです。

ところが、福島原発は爆発しました。爆発は核反応では無く、水素爆発とされていますが、チェルノブイリの事故でも出た放射性物質の量が広島原爆の約４００倍に対して、福島原発の事故では空気中だけで約２００倍でした（海水へ出た量は不明）。

つまり、核反応の暴走でも、水素爆発でも2倍ぐらいの差はあるものの、本質的なものではなかったのです。

それでは、原子炉の爆発などの重大事故について、原子炉は「固有安全性」があったのでしょうか？

事故直後の生々しい映像の中で、自衛隊のヘリコプターが爆発した原子炉建屋の上空から水を投入しているものは特に印象に残っています。

原子炉の中で発生する崩壊熱は運転中の核反応ででる熱の10分の1程度とされていますから、冷却系が故障したら直ちに水は沸騰し、２４００℃に達すると燃料棒が溶融して原子炉の下に落下します。

鉄の融点は１７００℃近辺ですから、鉄でできている原子炉容器や格納容器は解けて燃料は床に落下します。事故が発展していく途中で、人間が原子炉に接近することができないので、原子炉が破壊されていくのを止めることはできませんでした。

もちろん、原子炉の事故は２０１１年の「崩壊熱による燃料棒の溶融」ばかりではありません。地震で制御棒が大きくずれたり、核燃料棒が落下したり、さまざまな場合が考えられます。その一つ一つに「固有安全性」が保たれてはいませんでした。

さらに、事故から2年経った２０１３年3月に福島原発に貯蔵されている使用済み核燃料プールの冷却系統に故障が起こり、冷却ができなくなりました。プールが沸騰するまでには4日ぐらいの猶予がありましたが、これも固有安全性に欠けていたので、東京電力は被曝を覚悟した作業員を現場に入れて修理を行ったのです。

この事故は配電盤にネズミが入り、ショートしたのが原因でしたが、それすらなかなか発見できなかったのです。「停電の原因がネズミ」と報道されたとき、多くの人が「原発というハイテクとネズミ」という組み合わせにビックリしたものですが、著者は長く石油コンビナートで仕事をしていましたので、事故は野暮ったい原因で起こることが多いことを知っています。

技術の粋を誇るスペースシャトル、つまり宇宙に飛び出していくアメリカの宇宙船の事故では、ハッチを閉めるボルトの一部の頭が欠けたことが遠因になりました。事故の多くはローテクで起こります。

さらに2年過ぎに起こった汚染水の大量の海への漏洩は、漏洩している水の放射線量が高いので、普通の工法では止められないという問題があり、これも固有安全性がないことを示しています。

爆発直後の状態と2年後の停電事故や漏洩事故でわかるように、現在の原発は「固有安全性」を持っていません。ということは事故で強い放射線がでるのですから、近づくことができず、事故を「放っておくことしかできない」ということになるのです。

フランスが大規模な原子炉を建設して、途中で中止した高速増殖炉はナトリウムを冷却剤に使っているために火災が起きても水すらかけることができず、事故が起こったらお手上げです。日本では「もんじゅ」がこのタイプの原子炉ですが、日本では「事故は起こらない」ということになっています。

原子力発電所の安全に「固有安全」が必要かどうか、もし必要でない場合、事故が起こったときにどうしたら影響が拡大するのを防ぐのか？　日本ではまだ決まっていません。福島事故までは「固有安全性があるということになっていた」ということで、それが事故によって間違っていたことがわかったのですが、議論をすると原発が再開できないので、今は曖昧になっています。

したがって、原発再開の是非を考える時に、日本人が個別に「固有安全性のある原発でなければダメか」について考えなければなりません。そして専門家は、「事故確率表」を作って事故の起こる可能性が高い方からリストアップし、それぞれについてどのような固有安全性を有しているかを国民の前に示す必要があります。

もし、事故について固有安全性を保つことができない項目がある場合、どうしたら事故の拡大を防ぐことができるか、仮に拡大を防ぐことができなければさらに避難などをどうするかを明確にする必要があります。

このような研究が「安全研究」の基礎なのです。日本人はこのような基本的な概念を作るのが苦手で、途中でごまかしてしまいます。工学の教育を長く担当してきた著者は日本の教育が目前の小さな技術問題を解ければ良い、基本概念はヨーロッパやアメリカがやってくれるということで教えてきた面があり、とても反省されます。

2 多重防御

固有安全性と対を成していた原発の安全思想が「多重防御」でした。多重防御のわかりやすい例が「電源」で、原発は停電すると爆発する可能性が高いので、4重の設備で停電しないようになっていたはずでした。

外部からの電気を受電する主電源、同じく外部からの電気を受ける副電源、ディーゼル発電機を用いた自家発電、それに非常用バッテリーの4つです。

ところが実際には東日本大震災の揺れと津波で4つとも壊滅しました。まず主電源は地下にあったこと、原子炉建屋が立っている海抜が7メートルで津波による海水面の上昇が15メートルでしたから、地下は水没し、主電源は止まりました。

次に副電源も同じ地下にありましたから、これも浸水で停止しました。

さらにディーゼル発電機も同じ地下にあったので、これも浸水で停止しました。もともと副電源もディーゼル発電機も主電源とは異なる所においてあるはずでしたが、いつの間にか同じ地下室にあったのです。この原因は「コストダウンのためにもともとの思想（多重防御）を尊重せず、形式だけ多重防御にしておくという電力の体質と、それをそのまま認める官僚組織でした。

日本の原子力発電所は海岸線にあることだけでも世界で特殊な立地です。アメリカやフランスなど原子力発電所が多い国では、ほとんどが内陸にあり、海水ではなく、川の水で冷却をしています。

海は荒れることがあり、高潮、津波も危険です。また塩水なので腐食も起こりますので、安全を第一にすれば内陸で川の水を使うのが当然でもあります。でも日本ではなぜ海岸線にあるのでしょうか？

内陸に作ると住宅がそばにあったり、川の下流の人が廃液が危険と反対するので、反対する人が少ない「過疎地の海岸線」に日本では原発を作っています。つまり「原発は危険なので、より危険な場所に作った」という矛盾があるのです。

浜岡原子力発電所（静岡県御前崎市）

海岸線に作っている原発の電源を地下におくことは危険だという指摘はありましたが、固有安全性の問題と同じで「原発は安全だから、安全だ」という循環論法が官僚や電力会社の間に根強く、技術的な安全性は軽視されていました。

第四の電源、バッテリーが動かなかった原因はあまりハッキリしていません。一説では一回も非常訓練をしていなかったので、コンセントが合わなかったという馬鹿らしい理由も言われています。

また主電源、副電源、ディーゼル発電機が同時に破壊される可能性のある地下に設置していたので、8時間しか持たないバッテリーでは不十分だったのですが、これも「事故なんか起こらない」という「安全神話」のなかで冷静な議論は行われなかったのです。「多重防御」は電源ばかりではありません。

2013年になって破壊された原発からの汚染水が海に流れるという大問題が起きましたが、原因は地下水が原発内部に侵入していると考えられます。仮に地震で建物に亀裂が入ったり、メルトダウンした燃料が原発の建物を破壊しても、地下水が入り込まないとか、漏れ出しても海に流れないなどの設計が為されていることが多重防御です。

また先ほど書いた2年後の停電では、配電盤でネズミによるショートが起こっただけで停電してしまいました。「事故後だから多重防御はしない」ということを誰かが決めたのだと思います。福島原発は事故後も原発であることは間違いなく、原子炉にも使用済み核燃料プールにも大量の放射性物質があるのですから、原子力発電所と同じような多重防御が必要ですが、それも実施されていませんでした。

日本社会も「原発は多重防御が必要」という知識が無かったので、テレビや新聞もこの奇妙な事件を別の視点から捉えていました。

核反応、電源喪失の他に制御室などがテロなどの攻撃に遭ったときに、予備の制御室から原発をコントロールする必要があるのですが、その施設もありませんでした。

「多重防御」を使用とすると、まず「何重にするか」の理論が必要ですし、さらにそれによるコストアップをどうするかという問題があります。このことについて著者は原子力委員会で研究費を増額することを求めたことがありますが、そこでも「原発は安全なのだから、そんなことに研究費を出せない」ということになりました。

結局、核反応、電源、冷却、地震による倒壊やひび割れ、津波や高波による浸水、ネズミなどの生物、テロなど、ある程度、発生する確率の高いものでも、多重防御は「やっていると言うけれど、本当はやっていない」という作戦をとることになりました。

このような「作戦」は委員会で合意を取るということはできないのですが、「どうせ、大きな地震やテロなんか起こるはずはないよ」という暗黙の合意があり、さらに「そんなことを考えるのは面倒だし、原発反対派に塩を送ることになる」という心配などがあって、「誰も多重防御がされていないことを口に出さない」ということになります。

著者のような変わり者がいて、時に指摘すると、委員の先生はみんな具合が悪いような顔をして、次の話題に入ろうとします。日本人が「原発は多重防御と言っているが、本当に多重防御なのか」ということをシッカリ議論するまでにはまだかなりの時間が必要と考えられます。

多重防御の議論で著者が感じたのは、日本人の不真面目さです。普通は日本人は生真面目と言われますが、多重防御のような根気の要る議論をし始めますと、元々多重防御になっているのだからとか、アメリカが考えたシステムだから問題は無いと言う雰囲気が会議に広がって、なかなか長時間の深い議論はできないのです。その点では工学部で「我慢強い技術者」を育てる必要があるようです。

3 耐震性・随伴する打撃の防御

多重防御と同じですが、日本の原発は「耐震性がある」とされています。この場合の耐震性とは、地震の本震に伴って起こる余震、津波、停電、輸送の停滞、混乱などを含み、地震の揺れだけではないことは当然ですが、それらに対して大丈夫であることを「健全性」と言います。この用語は原子力関係では多用されるが、それほど一般的ではありません。

事故後「健全性」とか「でございます」という言い回しがテレビでも頻繁にでていましたが、この2語は原子力関係者では一つの会議で数10回はでてくるほどです。著者は「原子力村」という言い方は使いたくないのですが、この二つの言い回しは原子力に特有であることは認めざるを得ず、やはりかなり閉鎖的であると思います。

ところで日本の原発が耐震性を持つという一般的な言い方では、耐震性があるとは言えません。震度2とか3の弱い地震でも大丈夫な建物も耐震性があるとされるからです。では、日本の原発は震度いくつまで持つのですか？という質問については答えることができないようになっています。

原発を建てるということが決まると立地の候補地が決まり、そこに地震学者が行って「この場所に来る最大の地震の揺れは加速度で250ガルと予想される」と言います。そうすると、その250ガルを基準として建物の設計やその他の機械設計が行われます。あたかも正しそうな手続きに見えるこの耐震性の決定過程は「いかにして震度の低い建物で済ませるか」という電力会社の苦肉の策なのです。

「地震学」または「地震予知学」というのは多くの人が感じているようにほとんど学問とは言えないようなレベルで、いつ地震が来るかばかりではなく、どのぐらいの大きさの地震が来るかも全くわからないのが実体です。ということは地震学者によってある人は１２００ガルと言い、ある学者は２５０ガルというと言うぐらいの差があります。

２０１３年になって東京に地震が来るかどうかの診断で、ある東大の地震学者が人工的なコンクリートの建造物を天然の活断層と錯覚して判定したと言うことで多くの人がビックリしていましたが、実際にはそのぐらいのレベルなのです。

そこで、電力会社は原発立地の候補地が決まると、普段から十分にケアーをしていた地震学者の内、特に楽観的な予想をする学者に声を掛けます。

たとえば新潟市の柏崎刈羽原子力発電所の場合、地震学者が予想した最大加速度が２５０ガル、東京電力が実際に設計した速度が４００ガル、そして現実に中越沖地震で受けた加速度は６５０ガル程度だったのです。

４００ガルで設計された原発が、６５０ガルで破壊されるのは当然で、建物内はかなり破壊され、３億ベクレルの放射線が漏洩しました。この時の震度は６でした。

震度６で日本の原発が破壊されると言うことは一般の日本人には信じられないでしょう。日本は地震国ですから10年で平均的に震度６以上の地震が13回来ています。だから震度６で破壊される原発が建設されているというのは、日本の原発は地震で壊れることが前提になっているという驚くべき事になっているのです。

「原発は耐震性がある」という言いかたは震度を示さない限り「震度２まで耐えられる」ということの可能性もあるのです。

地震学者に問い合わせて原発の耐震設計をするというのは、官僚の責任逃れです。もし原発を作る時に震度7ぐらいの原発を作れば建設コストが高くなり、その分だけ電気代が上がります。そして実際には震度5ぐらいの地震しか来なければ、ムダなお金を使って高い電気代を支払わせたということになります。

だから、地震が来たときに「地震学者に問い合わせた」という手続きが必要なのです。そうなると「誰に問い合わせる」というのは実施側の任意性が入りますので、普段から研究費を出し、つきあいの深い先生に来て頂くことになり、緩い地震が予想されるようになるという仕組みです。

官僚、電力会社、大学の先生等の原子力関係者は責任を逃れられ、たっぷりと研究費をもらい、天下り団体が作れるのですが、それによる危険性はすべて国民、つまり電気代を納めている方が負担するという実に馬鹿らしい現状が見えてきます。

著者が原子力安全委員会の地震部会の委員の時に「国民は少し安くても危険な原発より、高くても安全な原発を望むはずだから、過去に日本に来た最も強い地震でも大丈夫なように原発を作るべきである。それによるコストは1キロワットあたり1円60銭にしか過ぎないと私は思う」と発言しましたが、一蹴されました。

このような状態になっていたからと言って原子力関係者が「原発は危険でも良い」と思っているわけではないのです。それが問題で、「どうせ地震が来ないのだから、地震のことなど考える必要はない」とか「どうせテロなど言うだけで来ないのだから……」という気持ちが強いのです。

これは日本人特有ではないかと思うときもあります。欧米の人と議論しているときには、数字を出して危険性を論議します。しかし、日本の場合常識と空気が支配し、そこで抽象的に空気が決定されるというプロセスを脱する方法がないのです。

空気で決定する日本と言っても良いですし、少し良い言い方をすると「大人の日本」と言うこともできます。「そんな大きな地震やテロは言うだけで起こることなどないよ。それが大人の考えというものだ」ということで、それ以上議論するのは野暮ったいという雰囲気になるからです。

ところで、地震に付随して起こる危険性は多くあります。2011年の地震では津波と交通の問題がありました。たとえば地震が来たら付近から応援をもらうと決めていても応援自体が難しいこともありますし、広い範囲の地震では福島第一ばかりではなく、福島第二、東海第二など付近の原発も同時に破壊されることすらあります。

また、津波や高波は地震につきもので、必ず備えておかなければならないことですから、津波は地震とは違うなどと言っていたら、耐震性は保たれていないということになるでしょう。

2011年の福島原発の事故は、地震の揺れと浸水によって起こったもので、巷間言われるように津波が襲ってきた「津波の運動量」では無いと考えられます。

普通の表現で「津波で破壊された」というのは、津波の運動量、つまり「津波が流れてくる力」で破壊されることを指します。でも、福島原発の海岸線側には高さ42メートルのタービン建屋があって、それが津波を受け止め、破壊もされませんでした。従って、原発には「津波」が来たのでは無く、「海水」が来ただけでしたが、原発の建物は標高7メートルの所にあり、津波の高さが15メートルだったので、津波の流れではなく、静かに海水面が上がったので水没したというのが事実でしょう。

原発には地下にすべての電源があり、それが海水に水没したのであっけなくすべての電源を失うという結果になったのです。

このような簡単な原因解析も「国会事故調査委員会」などの公的な原因追及ではほとんど問題にはされませんでした。それは「原発の事故はまれに見る津波が来て起こった事で、不可抗力だった」という結論が必要だったからです。

しかし、日本国は民主主義ですから、多くの人が不安に思っている原発についてもう少し「真面目に」その安全性を検討する必要があると思います。

❹ 事故拡大防止

事故がどのぐらいの確率で起こるか、そしてそれはどのぐらいの大きさかというのはきわめて重要な事です。それがないと何に備えるのか、どのような非常用設備がいるかなども考える事ができないからです。

どのような事故がどのぐらいの頻度で起こることが想定されていたかというと、「10万年に1度ぐらい、原子炉が破壊され、その外側の格納容器も損傷して、大量の放射性物質が外界に出る」という想定でした。

10万年に1度なら1年に1ミリの被曝限度を、1年5ミリから10ミリまで増やすことができ、１００万年に1度ぐらいなら1年１００ミリまでＯＫということになっていました。

事故の間隔が開くと、集団で被曝して遺伝子に損傷が起きても、それを修復する時間があるという考え方で、事故の間隔が開くほど許容線量が高くなるという理屈を使っています。

いずれにしても、被曝できる線量限度は普通なら1年1ミリシーベルトに決まっており、それが他の規制値になるなど考えられないと思います。

しかし、そのこと自体は教育関係者としては国の方針とは無関係に1年1ミリという法令の規定を守るべく努力をする必要があったでしょう。文部科学大臣が２０１１年に福島の小中学校の児童生徒に1年20ミリという新基準を示しました。これは日本の法令には関係がなく、ＩＣＲＰという国際ＮＰＯ（任意団体）が出した意見です。

確かにＩＣＲＰはなかなか権威のある団体で、任意団体とは言え、これまでも日本の規制はＩＣＲＰの勧告に基づいて議論を重ね、国内規制を決めてきました。だから、福島原発事故を受けて、改めてＩＣＲＰの勧告を聞くことはあり得るでしょう。

でも、これまでもＩＣＲＰの勧告通りに国内法を決定したというわけではありません。どちらかというとＩＣＲＰの規制が厳しいので、国内は少しそれを緩めるという方向でありました。日本は法治国家なので、国際的に勧告を受けても必ずそれを国内の委員会で議論し、日本の特長も活かして国内法の規制を決めるのが慣行でした。

従って、今回、ＩＣＲＰの勧告をそのまま日本政府が受け入れて、その理由としてＩＣＲＰの勧告があったからと言うのは、いかに民主党政権であったとしても日本という国の独立性を犯すことだったと思います。

この勧告を教育関係者がそのまま受け入れたのも驚きでした。現実的には教育委員会や校長先生が自らの評判や出世、叙勲などを考えて子どもの被曝を無視したということなのでしょうけれど、余りに見事な変身ぶりに著者はビックリしました。

1年20ミリと言うと、胸のレントゲン（1回0・05ミリ）と比較すると1年に400回の受信に相当します。これまで結核の予防検診について、「肺ガンの発生が危惧される」として教育関係では小学校で6年で6回の被曝を避けてきました。

つまり、1年1回の被曝も肺ガンの可能性があるということで忌避してきた教育委員会や校長先生が文科省大臣の指示ということで、簡単に1年20ミリ（胸のレントゲン1年400回）を受け入れたという事実は、教育委員会や校長先生がまったく児童生徒の健康について自分自身の判断を持っていないということを赤裸々に示したに他なりません。

2013年4月から、東北地方から収穫される食材を学校の給食に使用した場合、補助金が給付される予定という記事が福島の新聞に出ました。

この政策について学校側では対応に苦慮しているところもあります。まず、児童生徒の健康よりお金という選択をすれば簡単で、「国の政策だから」という理由で汚染されている可能性のある食材を給食に使うことになるでしょう。

原発事故が起こって依頼、給食がもっとも汚染されていた可能性があるのですが、それは「児童生徒が農家ほど圧力をかけてこない」というのがもっとも大きな原因であったと思います。この給食の食材の問題も児童生徒の希望を聞くことができず、保護者の希望は無視しうるということもあると思います。

反対に、これまでも1ベクレルでも汚染されていたら給食に出さないという考えで運営していた市町村は困っています。まず第一に測定値のついていない食材が増えてきたことがあります。これも政府の方針にそったもので、この裏には農家のほうから「測定しなければベクレルはでないのだから、測定しなければよい」という無理な圧力が常にかかっていることもあります。

インフルエンザや赤痢菌と異なり、法律の規制や食品委員会の勧告があるにも関わらず、かなりの数の医師が「大丈夫」を連発したこともあって、教育界もある意味では当然のことでも難しい選択を迫られるようです。

さて、被曝限度ばかりではなく、ある巨大な装置や設備を動かすときには、万が一にも装置が事故を起こしたらどうするかということが決まっていなければなりません。

たとえば、高性能のレーダーを備え、巨大なコンピューターで数時間後の気象は完璧に捕らえることができても、大型客船は左舷と右舷にそれぞれ必ず前乗客を収容できる救命ボートが必要です。

またほとんど墜落の可能性が無くなっても、航空機に乗船したら出発前にキャビンアテンダントが事故の時に着用する救命具の取り扱いについて親切に解説を行います。

大型客船が救命ボートを積み、キャビンアテンダントが着用の説明をしたからと言って「それならこの航空機は墜落するつもりか」などと言う人はいません。それは「人間のすることにはかなりの危険性を伴うので、それに対して準備しておくのが人間の叡智というもの」という考えが浸透しているからです。

これに対して原発では、「原発が事故を起こすと言うことを考えること自体が原発の推進を妨害すること」という正反対の考えになっているのです。

２００８年頃と記憶していますが、原子力委員会の研究開発部会で次のような趣旨の発言をしました。

「原子力に携わっている人は原発は安全だと思っているのですが、国民には原子力が不安という人が多いことは確かなので、この際、原子力関係者も原発が危険であるという前提に立って安全研究をするお金を出すべきではないか」

しかし、10数名の出席者は全員反対でした。第一、論理に反するということが反対理由でしたが、先ほどの船舶や航空機の議論でもハッキリしているように、人間が作る工作物はもとより自然界の現象でも、大きな災害に至ることは人類の経験で良くわかっているので、「危険である」と言うことを前提とした研究はどうしても必要です。

このことが行われなかったので、二つの問題が生じました。一つは「事故が発生したときに、現場と周辺でなにをしなければならないか」ということ、もう一つは「あらかじめ決めておかなければならない食材や生活の安全基準」でした。

チェルノブイリの事故の時には翌日の昼には大型バス１１００台がキエフから原発周

辺の地方に集合し、女性と子どもを退避させました。「女性と子ども」を中心としたのは女性の腹部の卵子の保護と、子どもが被曝の感度が高いからでした。

最初の大型原発事故だったチェルノブイリの時にはどの程度の被害になるか良くわかりませんでした。とにかく子孫を残すためには女性と子どもの安全が第一ですから、バスで避難させたというわけです。

チェルノブイリ発電所長は事故の時に原発から離れた所で第一報を危機、そのまま原発には向かわず、自宅へ急行して妻と娘を遠くに運び、それから原発の現場に行きました。事故後、所長は事故を起こしたことと現場に急行しなかったことで起訴され、10年の刑を受けたと伝えられています。

この所長の行動が責められるべきかはなかなか難しいことです。確かに公の立場にいる人は自らの家族を犠牲にしても発電所の被害拡大を止めるべきだったかも知れません。でも、人間と職務という点から見ると、任務を果たすために所長個人が命を落とすことがあっても、家族を職務遂行のために犠牲にするべきなのかは難しいところです。

ともあれ、混乱した中で女性と子どもは逃がすことができましたが、2011年の福島原発事故の場合には、誰も積極的に子どもの避難に手をさしのべることはしませんでした。

高い被曝量が予想された「スピーディー」という被曝予測は政府によって「精度が十

分ではない」」と発表されずそのデータを持っていたNHKも政府に従いました。

このことは2013年にNHKのアナウンサーの退職という事件に発展します。事故直後からNHKは原発の事故報道を続けますが、それは欺瞞に満ちた内容でした。つまり事故を隠し被曝を小さく見せ、法令の規制を報道しないという政府の方針に従い、また原発関係機関から研究費をもらっていたいわゆる御用学者の発言をくり返し報道しました。

たとえば、原発が爆発した後、東大教授は「遠くに逃げることが良い。放射線は距離の2乗に反比例して減衰するから」と発言、多くの人が原発から遠くに逃げようと反対方向に逃げました。しかし、原発の爆発によって発生するのは「放射線」では無く「放射性物質の小さなチリ」ですから、原発からの風向きを見て直角に逃げること、マスクをすることなどが重要です。

さらに空間線量率の測定値が出てくると、東大教授は「胃のレントゲンは一回で600マイクロシーベルトだから、10マイクロシーベルトはその60分の1だから大丈夫だ」と発言しました。その結果、多くの人がそのまま家にいました。

でも、胃のレントゲン撮影はせいぜい受けても1年に1回ぐらいですが、1時間に10マイクロシーベルトを被曝すると、1年では8760時間を乗じますから、87600マイクロレントゲンとなる、胃のレントゲンに対しても約150回、胸のレントゲンなら約1800枚にもなる量なのです。

レントゲンが1回2回と数えるのに対して、線量率は1時間あたりですから、それに時間をかけなければならないのですが、それを故意に怠り、あたかも10マイクロシーベルトというのがそこにジッとしていて被曝する量のように発言したのです。

このような場合、私は「ウソ」という言葉を使います。この時にNHKで解説をしていた東大の先生は私も専門が近いので個人的にも良く知っている先生ばかりでしたが、事故の時に原発からでる物質の性質、風向きが大切と言うこと、マスクが無ければ体の中に入ると言うこと、さらには空間線量率の単位などはよく知っているのです。

事故直後のこのような混乱は「意外な展開だから当然」ということではありません。原発の事故では爆発が起こり大量の放射性物質が飛散することが最も典型的な事故ですから、それに対する備えや考えは十分に練られていたのです。

今となって残念なのはせめて教育関係者が原発の知識を持ち、子どもたちを適切に避難させることができなかったかと言うことです。

中学校や高等学校の先生は理科などの専門科目を教えるのですから、原発の爆発で何が起こったのか、どのように被曝するのかなどについてかなりの知識をお持ちの先生が多かったと思います。それが声にならずせめて子どもたちだけでも助けることができなかったのはなぜでしょうか？

事故直後から私の所には多くの人からメールが来ましたが、最も真剣に子どもの健康を考えて行動したのは母親でした。それに比べて教育関係者は同じく子どもを守る立場にありながら、全くそのような行動を取らなかったのです。

このことは事故直後の避難ばかりではなく、その後の対応にもよく見られました。

子どもたちを避難させた後は、まず被曝量を測定し、ケアーしなければならない子どもを治療し、さらに被曝量が少なかった子どもは被爆の可能性の少ないところに疎開させて授業を行う必要があります。

事故後数か月を経て、著者の住んでいる名古屋市と中部電力で浜岡原発が事故を起こしたときの対応について話し合いました。その時に中部電力の人も名古屋市の役人も、児童の疎開、子どものケアーなどについて両方とも「責任は無い、任務では無い」の一点張りだったのです。

それでは原発が事故を起こしたとき、誰が子どもを守るのでしょうか?それがお母さんだけというのは、政府が主導して進めているという原発にしては、いかにも異常な感じがします。

児童生徒ばかりではなく、まだ乳離れしていない赤ちゃんの場合で、ミルクを溶かしていたお母さんは水道が汚染したときにミルクを溶かすことができなくなりました。仕事を持っていないお母さんは朝早くからスーパーに並んで綺麗な水の入ったペットボトルを買うことができましたが、勤めのあるお母さんはそれができず、泣く泣く子どもに放射性物質の入った水でミルクを溶かなければならなかったのです。

このような事に対して役所も事故を起こした電力会社も、教育機関も何もしなかったという問題が残りました。

事故直後の通報の問題についてはすでに著者の書籍で具体的に指摘しましたので、ここでは子どもに関係する事を中心にして、原発を云々するには事故の起こったときにしなければならないことが何も準備されていなかったこと、現在、原発の再開問題が議論されていても、全くこのような経験が活かされていないことについて責任ある大人、教育関係者は思い起こす必要があると考えられます。

また事故の被害を少なくし、拡大を防ぐためには、事故が起こりそうになった時に運転主任か発電所長が地元消防に連絡すること、地元消防が住民の防護と避難を担当し、原子炉の沈静化のための特殊部隊が国から派遣されるなどがあり、すべての手はずが必要です。

農家は自らの土地にビニールシートをかけるなどで土地を守る必要があり、学校、病院などの公共施設、個人家屋などすべての面で、準備と訓練を要します。

5 核廃棄物処理

２０１２年８月にアメリカで新しい原発の建設許可についての訴訟があり、地方裁判所が判決を出しました。アメリカは訴訟社会なので、原発の建設などで訴訟になることが多いのですが、裁判所は「新しい原発は、そこから排出される核廃棄物の格納場所が決まっていないので建設を許可しない」という至極当然な判決を出しました。

もともと化学工場を始め、有害物質を工場の外に出すときには、その廃棄物に関する環境の保全についての全責任は工場を運転する企業や国に存在し、「垂れ流し」が許される時代ではありません。

ところが、原発だけは例外で、普段の運転の時に大気中や排水として流すことについては規制がありますが、燃料として使った核廃棄物や日常的に汚染された物品などについて廃棄する方法も場所も決まっていません。

現在青森県六ヶ所村に核廃棄物の中間処理場がありますが、この施設は「核廃棄物を格納する」事を目的としているのではなく、核廃棄物の中にあるプルトニウムを取り出し、再び燃料として使用することを目的としています。つまり廃棄施設ではありません。

従って、原発の廃棄物を青森に持って行って再処理しますと、廃棄物の量は2・6倍になります。これは元々施設が「燃料の再利用」のために作られているからです。

一時、リサイクルが環境に良いとされたことがあります。リサイクルというのは廃棄物を処理して再び使うのですが、普通は廃棄物はもともとの天然資源よりエントロピーの高い状態にあるので、それを資源に戻すときには天然物より多くの環境を汚染する結果になります。

しかし、科学的な検討が無視される現代の日本にあってリサイクルというと何か良いことのような印象を与えて、青森の再処理工場が建設されました。原子力関係では核燃料サイクル図というのが描かれ、原発からの使用済み核燃料があたかも再処理工場で燃料に再加工されて廃棄物がでないような図まで作られていましたが、その過程で廃棄物の量は2・6倍になっていたのです。

毒物の再処理というのは一般的に量が増えま

六ヶ所再処理工場（上北郡六ヶ所村）

す。というのは、たとえばヒ素という毒物を使って、それを再処理するとヒ素を回収できたとしてもヒ素に汚染された物が元の回収限量より多くできてしまうからです。特に微量含有しているだけで人間に害をもたらす物を回収して再処理し、使用できるようにするのは至難の業です。

20％程度ある工業廃棄物から100％近い純度の物をリサイクルで取ろうとすると、1％程度の廃棄物が大量にでます。もし人間に影響のある量が0・01％とすると、1％の「リサイクルによる廃棄物」は工業的には使用できず、そうかといって人間に対する毒性は許容値の100倍ということになるからです。

学校の教育でとかくリサイクルを良いこととして教育することがありますが、科学的なことは、思想を後退させてより科学的な思考態度を身につけさせる必要があります。

ともあれ、現在の日本は原発の廃棄物を格納するところが無く、すでに130万本になっています。福島原発の4号機に1500本の使用済み核燃料があると言うことで多くの人が心配していますが、これは「すでに日本国内に隠してある使用済み核燃料が130万本に達する」ということを知らないことともあります。

なぜ、使用済み核燃料が130万本も貯まっているのでしょうか? その理由は簡単で、

① 原発の電気は欲しい。

② でも原発の使用済み核燃料は危険だから引きうけたくない。

ということです。それではどうするのかというと「子どもに任せる」と言うことなのです。

著者はこの問題についても教育界が積極的に声を上げていく必要があると思います。

現在の日本の教育界は、イジメや体罰、受験、ゆとりの教育、さらには全国学力テストなどで一杯ですが、本来なら子どもの未来についても子どもの視点からその利害を代表する活動も必要です。

これについては戦後、日教組を中心にした活動が少し政治的に行き過ぎた感があり。世間的な批判を受けました。でも、たとえば「平和を守る」という活動は次世代の子どもたちに戦争の無い社会を贈るという意味では正しかったと考えられます。しかし、その方法がやや過激であり、世間の同意を得る努力を怠ったことが、その後の日教組の組織力の低下、世間からの支持の低落などに結

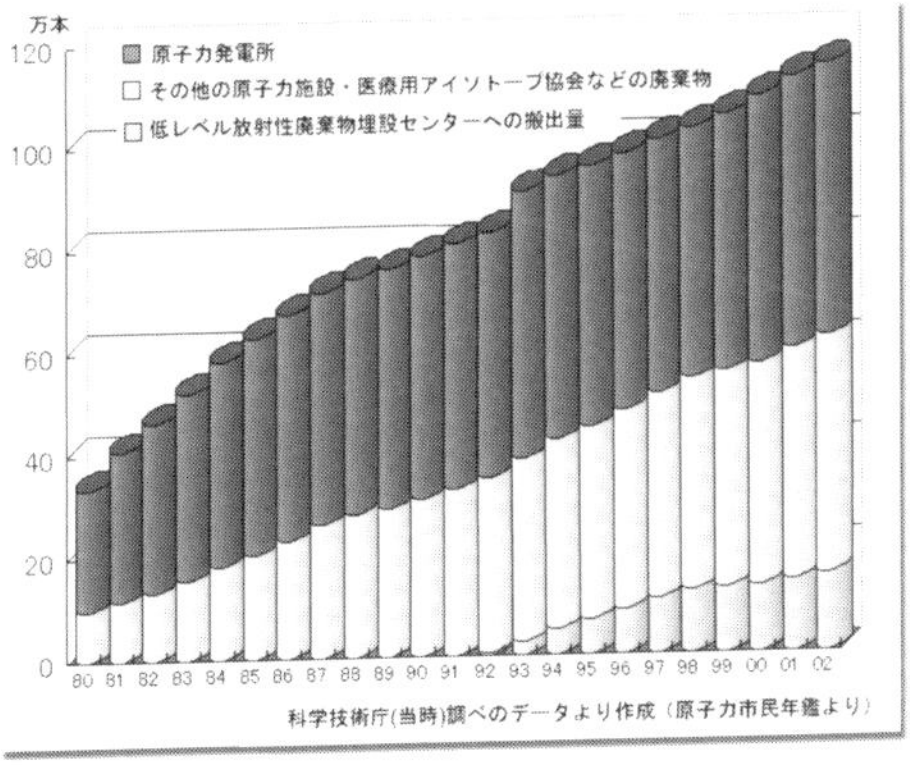

使用済み核燃料保管量の推移

びつき、結局「目的の正しい活動でも方法が間違っていたら成果を上げられない」という結果に陥ったのです。

核燃料廃棄物の問題は、現代の大人が「電気は欲しいけれど危険な廃棄物を引きうけるのはイヤだから、子どもに任せる」としているのですから、この問題は教育界が未来の子どもたちの利害を代表して社会的な活動をしなければならないと思います。

かつて日本社会は「大人が犠牲になっても子どもを守る」という習慣や考え方もありました。それに対して「核廃棄物は危険だから、子どもに任せる」という概念は伝統的な日本の倫理や道徳にも一致していないので、著者の講演などの経験によれば、多くの日本人がいけないことをしていると認識しています。

しかし、日本政府が「核廃棄物は子どもに任せる。見通しが無くても原発は稼働する」というのですから、個人個人ではなく、たとえば教育界や学会などの中立的で冷静であるべき団体が組織的に活動する必要があると考えられます。

原発を稼働したら必ず核廃棄物がでますから、最も簡単な方法はそのまま地下３００メートルぐらいに格納する方法です。この方法は地下から地上へ核廃棄物が出なければ大丈夫で、およそ１０００年間ぐらい格納すれば良いでしょう。

１０００年では足りないという考えの人もいますが、今から３０００年も経つと地球は寒冷化し、日本列島は夏でも厚い氷に覆われて誰も住めなくなります。これは14万年周期で約11万年間の間にくる氷期（氷河期ではない）で、これまで100万年以上同じ事が続いたので、今後も同じようになると考えられます。

３０００年後には日本列島には誰もいないのですから、「３０００年以上の安全は考えなくても良い」と言うことになりますし、資源枯渇の問題も「３０００年以上ある資源は無限に存在するというのと同じ」と考える事が適当です。

従って、原発からでる核廃棄物は原則として発生している電力会社のある地域のどこかに来年から格納するということを決めれば、原発の再開問題は運転中の危険性だけにとどめることができます。

核廃棄物の問題と若干類似しているのが原発の立地問題です。現在日本では原発は「僻地の海岸線」に作ることになっていますが、このような立地を選択するのは原発に積極的な国では日本だけです。たとえばアメリカではほとんどの原発は海岸から内陸の方に作られていて、ニューヨークをはじめとした東の地方の大都市に電気を供給しています。

フランスではパリの近くに数個、フランスの中央部に当たるロワール川の河畔に約20基、そして南東のローヌ側に20基ぐらいがあります。基本的にはすべて内陸で人の住んでいるところに原発が建設されています。

日本ではアメリカやフランスと異なり、なぜ原発を海岸線に作るのかというと、大都市の近くでは危険で、国民の賛成が得られないからです。

日本は地震国ですが、これは地球規模の地殻の動きで決まっています。もともと地球はマグマの上に薄い皮のような地殻が乗っているので、マグマの対流に伴って地殻が変動して動きます。そのうち、大西洋はまだできてから1億5000万年ほどにしかならないので、大西洋の中央部でマグマが噴出しているのですが、その力はアメリカ大陸が動く力として使われ、いわゆる地殻の潜り込みは起こっていません。

それに対して太平洋は古い海なので、中央部でマグマの湧き出しもありますし、また大西洋の湧き出しの歪みにかけて千島列島から日本列島、さらにフィリピンからニュージーランドに至るところで沈み込みが起こっています。

この沈み込みのために大地震が起こるので、世界で震度6以上の地震が起こる場所に原発があるのは日本と台湾ぐらいです。さらに津波も心配されますから、「地震津波が起こるところで海岸線に原発を作り、危険な塩水で冷却している」というのが日本の原発です。

ここでは奇妙な日本人流の論理が見られます。

① 原発は危険である。
② 従って東京などの大都市の付近には作ることができない。
③ 東京で使う電気は新潟や福島で作り、何100キロも送電線を引く。
④ だから原発は危険であるが、それを安全と言う。これを原発の安全神話とする。

⑤ 安全神話なのだから、原発を安全として非常用の設備、訓練、通報、基準などを真剣に検討する必要はない。

もともと原発が安全なら東京に作った方が良いし、東京には多摩川や利根川がありますから、水量も十分です。でも東京に作らないのは原発が危険だからです。

これに対してフランスではパリを流れるセーヌ川の上流に2個の原発、ワインの産地であるロワール川の上流に20基と、日本では考えられない立地を採用しています。

フランスで大都市の上流や主要農作物の産地の上流に原発を建てるのは「原発が安全だから」に他なりません。フランスやアメリカが原発の安全性について少なくとも政府の政策が論理的であることに対して、日本は政府自体が「原発は安全だけれど危険」という複雑な論理を展開しているからです。

２０１１年の福島原発事故によって起こった汚染に対して児童生徒の避難が遅れた一つの原因として、福島県の人が政府や電力会社から「原発のお金」を受け取っていたこともあります。

現代社会において労働や具体的な貢献もしないのにお金をもらうというのは特別なときです。多くは賄賂や不当な金品の授受で、その結果は好ましいことにならないのは当然でもあります。

原発は本来東京に作るべき発電所を地方に作り、その代わりに地方にお金を落とすという方式で行われてきました。地方の人もそのお金が「危険手当」であることを知りながら、お金をもらうと言うことでついつい受け取ってきたのです。

では原発の立地に際して「迷惑料」のお金を受け取るというのはどういう意味でしょうか？　法律的には十分に研究されていませんが、現実の社会では「不都合なことの口止め」や「事故が起こったときの迷惑料の先払い」というようなことが考えられます。

実際に福島で事故が起こってみると、福島県の人は昔型の日本人のような心を持っていることもあって、「私たちが承知でお金をもらったのだから仕方が無い」と思い、東電への矛先が鈍ったのは間違いありません。著者の関係の方からもそのようなメールをいくつか頂きました。

このお金の解釈はこれからいろいろなところで議論されると思いますが、子どもに関しては別ではないかと思います。つまりお金をもらったのは大人であり、子どもは直接的に自分名義のお金をもらっていないし、将来子どもが大人になったときに電力会社などからもらったお金は自分の所有物ではありません。

また当然ですが、子どもは子どもの人権があり、選挙権のような権利は認められていませんし、日常的には親権者の指示に従わなければならないものもありますが、原発の保証金は子どもが受け取る権利が無いかどうかは不明です。

つまり、原発のお金が「危険だけれど我慢してくれ」という内容の物であれば、将来にわたって被曝期間が相対的に長い子どもの方が多くお金をもらう必要があるからです。

東京が使う電気を、発電所が危険だからといって遠くに作り、長い送電線を引き、その地方にお金を落とすということが日本のような近代国家では不適切なことと私は思います。

原発の安全性を脅かし、事故後の対応を遅らせた原因にはこのような日本社会の前近代性も含まれています。

この原発立地とお金の問題も、子どもが強く関係していることであり、今回の原発事故を契機に教育関係者が深く考える必要があるでしょう。

6 被曝と健康

２０１１年の事故を反省し、教育関係者が考えなければならないことはきわめて多いのですが、もっとも基本的で、かつ重要なことが「被曝と健康」の問題です。

広島・長崎の原爆投下から福島原発の爆発の前日まで、日本人及び日本社会は被曝について同じ考えを持っていたと考えられます。それは「被曝は健康に害をもたらすので、できるだけ被曝量を減らす必要がある」ということです。

この考えは事故後、児童生徒の被曝量を上げる理由として使われたＩＣＲＰという国際機関の考え方でもあります。ＩＣＲＰというのはＮＰＯですから任意団体ですが、放射線関係の医師が中心となっているので、これまで被曝と人体の関係を中心となって検討してきました。ＩＥＡ（国際原子力機関）は原子力の推進に力を入れているので、被曝についても甘い基準が多かったと言われ、さらにＷＨＯ（世界保健機構）もチェルノブイリ以来「被曝は病気をもたらすことが少ない」というスタンスで、チェルノブイリの時にも「甲状腺ガン患者は出ない」として後の６０００人を超える患者をだす原因の一つを作りました。

また、ヨーロッパには放射線被曝に対してより厳しい見方をしているＥＣＲＲという機関があり、そことＩＣＲＰは放射線と人体に対する基本的な考え、学問的な論理が違います。

このような背景がありますが、ＩＣＲＰは放射線の被曝に対して「正当化の原理」という概念を基本にすえています。つまり「放射線で被曝することは人体の健康について損害を受けることであり、損害を受ける人はそれに相当した利益を得る必要がある」というものです。

たとえば、胸のレントゲンを撮ったら肺ガンや白血病になる可能性がありますが、同時に結核を防止することもできます。従って、胸のレントゲンを撮っても良いという基準は、「胸のレントゲンを撮ることによって防止できる結核にならないことの利益」と「胸のレントゲンを撮ることによって白血病や肺ガンになる損害」とを比較し、前者が勝っているときだけレントゲンを撮ることができるという考え方です。

原発事故後、たとえば放射線の専門家ですら、「自然放射線は1年に1・5ミリだから、それ以下の被曝は大丈夫」と言っている人もいましたが、まず第一に、被曝と健康の関係は並列に比較できるものではなく、たし算で健康被害が起こること、第二に自然放射線は人間が他人を被曝させることでは無いので、正当化の原理によって正当と言えないことは明らかです。

このようなことが専門家によって発言されたので教育関係者も判断が難しかったのですが、子どもを守るという点から言えば、ＩＣＲＰの概念を一回でも勉強すればすぐにわかることです。

ともかく、原発の稼働による被曝と利益の関係は、「原発の稼働によって得られる電力のメリットだけ被曝が許される」と言うことになります。現実に「原発の稼働による利益」を「どのぐらい被曝しても良いか」に換算する難しさはありますが、たとえば交通事故やその他の危険性と比較して決められていました。

それが原発以外の人工的被曝も含めて1年1ミリという制限でした。このような論理的背景も専門化はよく知っていて、自分がどのような考えであっても国際的にオーソライズされ、国内的な検討を経て法令になっているものについて事故が起こった後の異論を述べるのは専門家として適切ではありません。

また、事故時に許容される被曝量についてはすでにこの章にまとめましたが、日本国内（旧原子力安全委員会）では1万年から10万年に一度の事故の場合、1年5ミリまで上げることができることも専門家の間で合意が成立しています。

「学者」は学問の自由の元で自由な発言が許されていますが、それは実際の生活に影響を及ぼさない内的・精神的自由であって、社会の具体的な行動や規制に直接的に影響が及ぶことを発言することはできません。まして、事が起こっている最中の発言はきわめて慎重である必要があります。

医学者はあるいは学問的興味や基礎研究の必要上から「安楽死」を研究したり、それを学会などでは発表することは許されていますが、病院の医師が自らの判断で患者に安楽死を適応すると犯罪になります。

このように社会の専門家は学者とは違ってその発言に制限があることは言うまでもありません。たとえば、ある交通の専門家が自らの経験に基づいて「酒酔い運転は危険ではない」という結論に達したとしても、それを専門家の会合で発言するのは禁止されていませんが、現に酒場で隣にいる人に「酒を飲んで運転しても大丈夫」というのは禁止事項に入ります。

福島原発事故が起こって、1年1ミリという被曝制限が法令にさだめられていることが認められたのは1年ほど経ったときでそれまで多くの子どもたちが法令を超えた被曝を受けました。

この原因の一つが、「原発が爆発すること」が想定されていなかったので、「一般的な被曝」が定められていただけだったからです。従って、たとえば「放射線で被曝する限度を定めた法令」というのは複数（文科省法令や厚労省法令など）がありますが、そこには一般的な表現だけで、具体的に原発の場合を限定していません。

そこで、原発の事故を小さくさせることに力を注いだ政府、専門家、東大教授、福島県。医師などはその間隙を縫って1年1ミリを認めるまで1年近くかかりました。

その後、多くの人が法令を目にしてから、1年1ミリであることを認めましたが、先ほど書いたようにその時には児童生徒の多くは法令限度を超えて被曝したのです。

たとえば事故直後、文科省大臣がＩＣＲＰの勧告を元に1年20ミリまでの被曝を児童生徒に認め、それを教育委員会が追認しましたが、1年20ミリまで認めると言うことは現実に被曝する児童生徒に通常時の20倍の「利益」を確保する必要があります。本来は教育委員会は直ちに「ＩＣＲＰの基本概念では、被曝量の増加はそれに相当する利益の供与が必要だから、児童生徒に対する利益を示すこと」を求めるべきでした。

人間が具体的に被曝による健康障害と受け取る利益について相殺する考えに合意する

かどうかは別にして、少なくとも1年20ミリがＩＣＲＰの勧告によるとするなら、ＩＣＲＰの被曝の基本原則である「正当化の原理」にも基づかなければならないからです。

その点で、1年20ミリの決定は論理的に破綻していますが、それを教育関係者が追認したのはきわめて問題でした。その理由として、

① 文科省に逆らうと自分の身が危ない。

② 児童生徒は何も言わないから「利益」は考えなくても良い。

としたのではないかと思います。これは給食に汚染された食材を使用したのと同じ論理で、食材の時の農家や農水省、農業団体などがこの場合の文科省であり、汚染された食材を食べさせられる児童生徒は声を出さないことに便乗したと考えられます。

ところで、法令で1年1ミリと決められている規制に科学的合理性がないのでしょうか？　日本は法治国家なのですから、法令で定めたり、追加して通達等や原子力安全委員会で決められた数値を守るということはそれ自体がどのぐらい安全であるかということより重要であると考えられます。

たとえば、酔っ払い運転を防止するために法令で定められている血中のアルコール量はそれに若干の疑念があっても、とにかく一応は基準を守り、疑念がある場合は具体的な運転とは無関係のところで慎重に検討をすべきだからです。

1年1ミリという基本的な基準は世界的に統一され、ヨーロッパの一部で1年0・1ミリという国（たとえばドイツ）があることを除けば全世界一律です。

かつて放射線の規制が世界的に行われたとき、障害児の発生など遺伝的な障害を中心としていましたので、1年5ミリを限度としていました。その後、被曝とガンの研究が進み、一時は1年0・5ミリの規制になり、さらに1979年にパリで行われた国際会議で1年1ミリが勧告され、日本国内でも検討が行われた結果、1年1ミリを限度とする事になったのです。

もちろん、国民を被曝から守る事は大切でしたので、著者のように原子力関係の施設の責任者はこの規制を良く理解しており、「自分の仕事で国民に被曝させてはいけない。被曝させないことが原子力の発展には不可欠だ」と考えてきました。

その点で今回の原発事故の後、多くの原子力関係者、放射線関係者が1年1ミリの規制がないような発言をくり返したことにビックリしたものです。

法令の規制を決めるときには多くの実験データ、経験値などを使いますので、ここでその一部を説明するのは良いことかどうかわかりませんが、「なぜ1年1ミリと違う事を言う人がいるのか」について説明をしておきます。

被曝によって健康障害が起こるかどうかは確率的なことなので、少数の集団で被曝した場合、ハッキリとその影響が算出できないという点があります。

次に「被曝による健康障害は4年目から」という遅発性の疾病が多いことです。鼻血やだるさなども症例ではないかと言われていますが、まだ今の所、ハッキリはしていません。

またガンにしても食品中の発ガン物質や太陽の紫外線で発生したガンと、被曝によるガンは区別ができません。だから、普段の生活でガンになったのか、たとえば医療用の被曝でガンになったのかも不明です。

２００４年、世界で最も権威のある医学雑誌と言われる「ランセット」に「日本の医療被曝でガンは先進国中で最も多く、平均値の3倍程度」という報告が出されましたが、その後、日本の医療被曝を減らす具体的なことはほとんど行われていません。

むしろCTスキャンなどは診療に必要だったり、患者が検査を過度に希望するなどのことがあり、医療被曝は増加傾向にあります。

かなりの多くの集団でなければ被曝と疾病の関係がわからない事、白血病にしてもガンにしても、またその他の障害についても、それが普段の生活で発病するのと区別がつかないことで、「どのぐらい被曝すると、どの程度の病気になるか」はわかっていないのが現状です。

「判らないときにはどうするか?」の一つの具体的な例が「原発に勤めていた人に対して被曝が原因とする労災認定基準」です。原発に勤めていた人の白血病の発症は、もしその原因が原発での勤務によるのなら労災になり、その他の原因なら個人の病気です。

また白血病の治療には1錠4000円というような高額な薬を飲まなければならず、なんらかの補助も必要となります。そこで、日本の裁判所は「1年5ミリ以上被曝して白血病を発症した場合は労災を適応する」という基準を設けました。

間違ってはいけないのは、1年5ミリの被曝をすると必ず白血病になるとは限らないのですが、といって1年何ミリの被曝から白血病人であると言うことも判らないのです。そこで社会的な合意として1年5ミリ以上の被曝をして白血病になったら、ともかく「被曝によるもの」とするというわけです。

しかし1年100ミリ以上の被曝になると、被曝する人が特定され、統計的な数の領域を超えて発病しますので、被曝と発病の関係が良くわかります。福島原発事故以来「1年100ミリの被曝以上の場合は、関係性がある」と言われるのはその通りのことです。

でも1年100ミリで発病する割合を求めると、到底ICRPの言う「正当化の原理」を満足することができません。たとえば原発の電気がどうしても人生に必要であり、交通事故の100倍の危険性があっても原発を稼働させなければならないという場合は仕方が無いのですが、原発以外でも電気は作られるので、1年100ミリという危険を冒すことはできないのです。

そこで、1年100ミリ以下では被曝線量と疾病の関係がわからないが、1年100

ミリにおける疾病率を100分の1にするのが適当なので、1年1ミリとすると決めたのです。乱暴な決め方と思う人がいますが、かなり論理的です。つまり、

① 1年100ミリの場合、どのぐらいの人が病気になるかはわかっている。
② それは正当化の原理から言うと危険性が100倍である。
③ 低線量被曝のデータを定量的、学問的に結論を出すことは今の学問では不可能である。
④ しかし、原発を実施するためには国民を被曝による健康被害から守る必要がある。
⑤ データが無いのに原発は実施するので、せめてもっとも納得性のある基準を使う必要がある。
⑥ 線量と疾病率の関係を「比例する」と考えると、1年1ミリなら正当化の原理を満たすことができる。
⑦ 食品安全の経験でも具体的な障害が出る濃度の100分の1を「100分の1則」として原理原則にしている。

などによるものです。著者は実に論理的でシッカリした結論と思います。

この論理を崩すためにいろいろなことが言われてきました。たとえば「広島に原爆が落ちても、すぐ人が住むことができたではないか」というのは量の問題です。今回の福島の事故で出た放射性物質の量は政府発表で80京ベクレル程度であり、広島原爆の約

２００倍です。これだけ量が違えば広島の例を持ってくる事はできません。

また、医療用放射線で大量に被曝する人がいるということを言う人もいますが、まず第一に医療では必要に応じて両脚を切断することもあります。医療で両脚を切断するから普段の生活での両脚を切断して良いなどという理屈はありません。

医療は命を救うための最善の手段を執るのであり、普通の生活をしている人が突然、注射をされることすら傷害罪になります。

次に医師が観測しているのは少数の患者さんで1万人にも満たない数です。それに対してたとえば交通事故で亡くなる人は1万人に1人にもならないのですから、このような少数の人を対象にした観測では「交通事故でも人は死なない」という結論になります。多くの人が関係することについて少数の観測値で結論を言う医師が多いのですが、その医師は医師の資格が無いと言うことができます。

チェルノブイリの事故が起こってすでに27年を経過しますが、まだ「不思議なこと」が多く起こっています。最も懸念されるのが、人口の減少で、ウクライナもベラルーシも出生率の低下や死亡率の増大で大きく人口が減少しました。

また事故後、27年を経て原発の近くの住民の子どもで健康な子どもは22％しかいないと言われます。さらには放射性ヨウ素が原因で起こるといわれる甲状腺ガンは今でも多発しています。それがチェルノブイリの爆発の時に被曝した人だけではなく、その時には生まれていなかったり、近くに住んでいないのに甲状腺ガンになる人が多いのです。

放射性ヨウ素、特に問題となるヨウ素131は半減期が8日しかないので、2か月も経つとほとんどありません。だから2か月後に妊娠した子どもやその時にチェルノブイリにいなかった子どもが甲状腺ガンになるはずもないのですが、事実は発生しているのです。

その他、生殖器や遺伝的な障害を持っている女性も多く、女児の時に被曝したと思われる患者さんも多数おられます。これらの問題点は、たとえば10歳の時に被曝した女児で妊娠と出産に関する遺伝子に損害を受けた場合、その女子が成長して子どもを産まなければ発症しないのですが、子どもを産んだら損傷が表面化します。

この例でもわかるように低線量被曝と疾病の関係は「不明である」というのが正しい表現です。

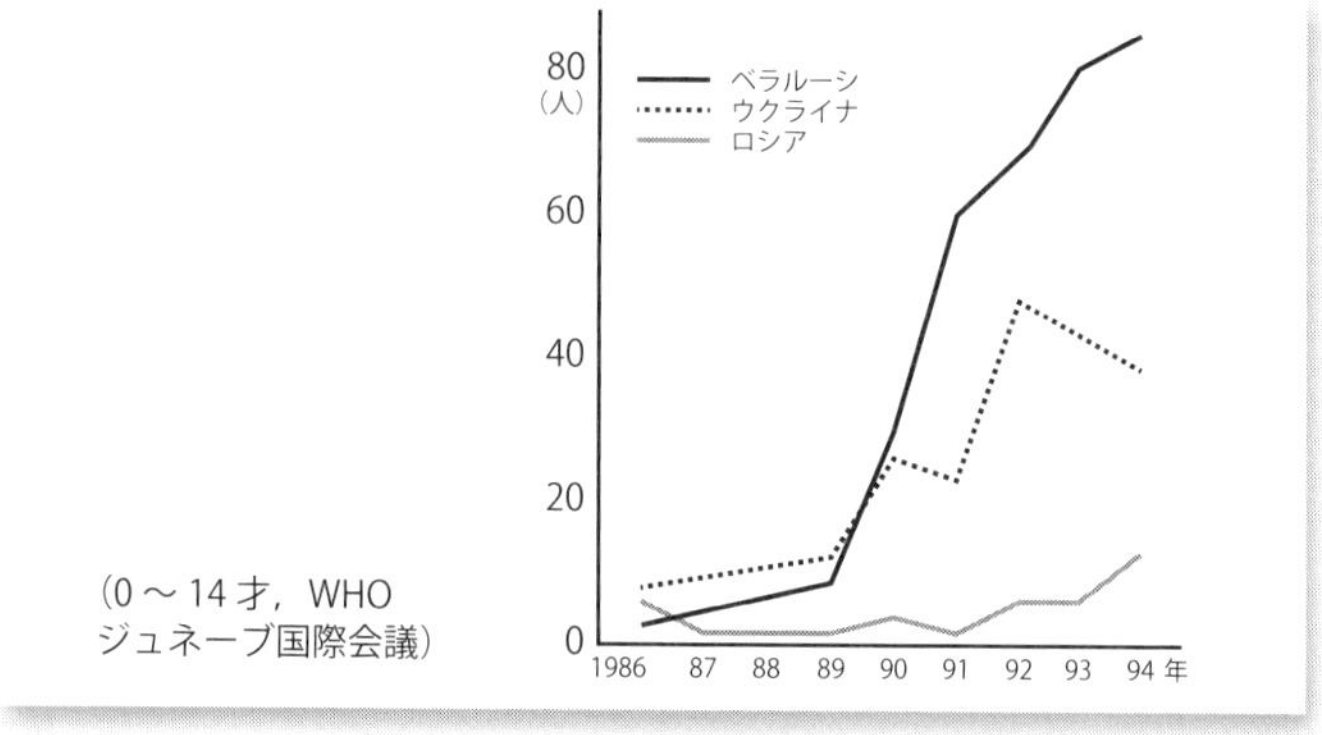

甲状腺ガン患者の数

だから先ほど箇条書きにした正しい論理に従うことが国際的にも法治国家の国民としても正しいと考えられます。

最後に「科学的に考えた被曝と健康被害の関係」について追記します。

これも事故の直後から「被曝した方が健康に良い」という医師が出現しました。その医師は「学者としての自由な発言」であり専門家の発言なら投獄という感じがしますが、とりあえず解説をしておきたいと思います。

仮に被曝したときにその放射線が体内の水やその他のタンパク質などに当たり、それを損傷させるなら、その前に体内の水にぶつかり、そこで消滅するから問題がないという考えです。

確かにこの考えは学問的にもそれほど間違っている訳でもないのですが、専門家を説得するためには1年100ミリシーベルトで確実に疾病がでて、1年1ミリでは確率的にも起こらないことを証明しなければなりません。

通常の科学では次のように考えます。

① 1年100ミリで損傷を受ける。

② 体内を通過する放射線は一定の確率で損傷を与える。

③ 従って、1年100ミリで1人の人が損傷を受けるなら、1年1ミリで100人のうち1人が損傷を受ける。

④ 日本人は1億2千万人いるので、１００人に1人なら、損傷を受ける人の数は１２０万人になり、交通事故死の２４０倍程度になり、危険性として社会は許容しない可能性が高い。

このようなことが定量的にハッキリすることが科学ですので、やはり臨床的ではない知見からもまだ安全と言える段階にはありません。

教育関係者として具体的に福島の事故が起こり、被曝が続いていることから、この章に書かれたことを十分に理解し、行動することが大切と思います。繰り返しになりますが児童生徒は強い意見を言いませんし、また言うことは適切とは言えません。その分だけ、教育関係者が我が身のこととして取り組まれる事を望みます。

第4章

現代の教育は本当に科学的・民主的か

福島第一原発事故後、なぜ多くの教育現場は、第1章や第2章で述べたような科学的、物理的な事実を無視し、子どもを不要な被曝から守ることができなかったのでしょうか。その根源には、行政や政府、マスコミなどが口にする科学に反する内容を信じてしまう人間をつくり上げる日本の教育そのものに問題があるのではないかと私は考えます。この章から、日本の教育現場の科学教育について考えていきたいと思います。

多くの人は、今の日本は民主主義の国で、科学技術立国であると考えていると思いますが、だからといって日本で行われている教育が民主主義的・科学技術的であるかというと、実は甚だ疑問です。

学問に民主主義がなかった時代まで振り返ってみると、スターリンの時代の旧ソ連では、政府の保護を受けて「ルイセンコ学派」という生物学の学派が発達しました。このルイセンコ学派の学者たちは、「植物も思想の影響を受ける。自由主義諸国で栽培する植物よりも、共産主義のもとで育った野菜や穀物のほうが良く育つ」というおかしな説を唱えていました。

今の科学から判断すればあり得ない論理ですが、当時の政権にとっては実に都合のいい学説でした。こうした説を唱える学者たちは政府に優遇され、反対する学者はシベリアに追放されるといった迫害を受けました。

一方、ヒトラー率いるナチスの統治下にあったドイツでは、「ゲルマン民族は他の民族より優れており、他の民族の人間は教育する甲斐がない」といった差別的な内容の、いわゆる「優生学」が発達しました。大学ではこうした考え方をベースにした学位論文が続々と審査を通過し、学生はいとも簡単に学位を取得していました。こうした思想が、ユダヤ人迫害へとつながったのは周知の通りです。

戦前・戦中の日本でも、軍国主義に基づいた偏った教育が行われていました。「ぜいたくは敵だ」「欲しがりません、勝つまでは」といったスローガンを声高に叫び、日本国や天皇のためにすべてをささげることが美徳であるとされていました。

このような「洗脳」ともいえるような教育、あるいは科学に反する内容を政治的に利用した教育は、すでに過去の遺物となってしまったのでしょうか。民主主義が確立された現代の日本では、もう心配いらないといえるでしょうか。

残念ながら、答えはノーです。現在の日本でも、かつての軍国主義教育、あるいはスターリン時代やナチス時代のような、真実や科学的な常識とかけ離れたことを子どもたちに教え込む「トンデモ教育」が、実際の教育現場で当たり前のように行われています。まずはその例をいくつかご紹介しましょう。

温暖化しても南極の氷は溶けない

科学的な事実とは違うことが教育されている例として、地球温暖化をはじめとする環境問題が挙げられます。

たとえば、「地球温暖化によって海水の水温が上がり、南極の氷が溶ける」という話を聞いたことのある人は多いでしょう。マスコミでも頻繁に取り上げられているので、すでに常識になってしまった感がありますが、実はこの説に科学的根拠はありません。

南極大陸は、主に大陸に降り積もった雪が長い時間をかけて氷河となって流れ集まり、現在の形を形成しています。南極大陸は90％以上が厚い氷で覆われており、ほとんどが氷でできているといえます。観測する場所にもよりますが、平均気温はマイナス30℃から50℃程度といわれています。

極寒の地である南極の大地を覆う厚い氷が、温暖化によって融け始めているといわれるのは、いったいどういうことなのでしょうか。

基本的な原理を説明すると、氷というのは単純に温度が上がれば融けるというものではありません。確かに冷凍庫から氷を出して、快適な室温に置いておけば融けますが、それは温度が相対的に上がったからではなく、気温が融点である「0℃」を超えたことによって融けだしているのです。

たとえば、マイナス40℃の氷に熱をかけてマイナス30℃にするとどうでしょうか。温度は10℃上がっているので、表面が少し融けてくるように思われるかもしれません。さらにマイナス20℃、マイナス10℃へとどんどん気温を上げていくと、さらにどんどん融けだして、0℃になったら全部融けて水になる、と感じる人もいるでしょう。

でも、それは感覚でそう思うだけであって、科学的な事実は違います。温度は10℃上がっても20℃上がっても、融点の0℃に達しない限り氷は融けません。マイナス40℃が、マイナス30℃になってもマイナス20℃になっても、氷はまったく融けることなく同じ硬さを保っています。これが0℃になって初めて氷が一気に融け出すのです。

この融点の概念は、小学校の理科できちんと教えられているものです。実生活においても非常に重要な概念なので、忘れている人はぜひこの機会にしっかり理解しておくといいでしょう。

たとえば、寒い地域では冬に水道管の中の水が凍って破裂することがあります。仮に天気予報で「明日の朝はマイナス3℃まで冷え込むことが予想されるので、水道管の破裂に注意しましょう」と言っているとします。

融点の概念を間違って理解していると「マイナス3℃程度なら、冷凍庫に比べれば大した寒さじゃないから、たとえ凍っても破裂するほど硬い氷にはならないだろう」と甘く考えて、何の対策も取らずに寝てしまうかもしれません。そうなると、翌朝凍りついた水道管が破裂して大変なことになってしまいます。

氷は徐々に融けたり凍ったりするのではなく、あくまでも融点が基準です。マイナス3℃でも水道管の中の水が凍って体積が膨張し、水道管は破裂するのです。

このことを理解すれば、温暖化で南極の氷が融けるというのは間違いだとわかるはずです。マイナス40℃の気温が一気に0℃まで上昇すれば話は別ですが、地球温暖化によって気温が数℃上がった程度で大地を覆っている厚い氷が融けだすということはありえないのです。

私は以前、テレビ番組に出演した際にこのことを解説しました。小学校の理科で習う融点について説明しただけなのですが、「温暖化しても南極の氷は融けない」という話がよほど驚きだったのか「武田独自の理論」とはやしたてられ、「異端児・武田邦彦」と異名をつけられてしまいました。

繰り返しになりますが、これは独自の理論でもなんでもありません。世界気象機関など国際的な専門家で構成する気候変動に関する政府間パネル（ＩＰＣＣ）でも、正式に報告していることです。

ＩＰＣＣの第四次評価報告書第一作業部会報告書政策決定者向け要約を日本の気象庁が翻訳したものが以下です。

「南極の海氷面積には、引き続き年々変動と局地的な変化は見られるものの、統計学的に有意な平均的傾向は見られない。これはこの地域全体で平均すると昇温が認められないことと整合している」
「現在の全球モデルを用いた研究によれば、南極の氷床は十分に低温で、広範囲にわたる表面の融解は起こらず、むしろ降雪が増加するためその質量は増加すると予測される」

要するに、南極は十分に低温であり、氷は融けていない。むしろ、周辺の海は若干温度が上がるため雪が増え、氷の量も増えると書かれているのです。

誤報の恐ろしさは、報道で「ＩＰＣＣがこう言っている」と言いながら、実はＩＰＣＣの報告書と真逆のことを社会に発信することです。そしてそれが社会に定着すると、ＩＰＣＣを正しく著者が伝えるとバッシングするという奇妙な現象となります。

海水の温度が上がると氷が増えるというのは、海水が温かくなると蒸気圧が高まり、空気中の水分が増えます。南極は多少暖かくなっても零下であることには変わりはないので、湿気の多い空気が周囲の海から流れてくると雪になって大陸に降りつもり、氷になってしまうわけです。

それなのに多くの人が「マイナス40℃の南極の氷はマイナス35℃になると融ける」「地球が温暖化すると南極の氷が融ける」と錯覚しています。

南極も夏になると場所によっては0℃を超えることもあるので、夏にはある程度氷は融けて、冬に向けてまた増えるというサイクルをくり返しています。

メディアはこうした事実を利用して、「温暖化で南極の氷が融けている」とセンセーショナルに叫びながら、夏に氷が融けている「昔からの普通の」映像を流しています。そんな恣意的な報道をすれば、見る人がそれを信じてしまうのも無理はありません。私たちはだまされて、間違った知識を植え付けられているのです。

子ども番組で「洗脳」するメディアの恐ろしさ

南極だけではなく、北極も温暖化により氷が融け出しているといわれています。しかも、それを必要以上に扇動的に報じるメディアもあり、私はこうした報道に接するたびに憤りを覚えます。

以前、ＮＨＫの子ども向けの番組で、「暑い暑い、なんとかしてよ、氷の国を返してよ」といった内容の歌詞で、ホッキョクグマが助けを求めているというような「こどもの歌」が流れているのを観たときには、戦慄さえ覚えました。

このような番組を見てしまっては、子どもたちの純粋な心に間違った知識が衝撃的な形で刻み込まれてしまうでしょう。いったい何の権利があって彼らは子どもたちの心に汚れた土足で踏みいるようなことをするのでしょうか。

ただ、温暖化しても南極の氷は減らないのに対し、北極の氷が融けて減っていくというのは、実はありえる話です。

南極は厚い氷で覆われた陸地であるのに対し、北極は主に北極点を中心とした北極海という海を指しているからです。冬は全面結氷していますが、夏になり気温が上がるとそれが半分ぐらい融け、海水に氷が浮いているような状態になります。したがって、水温があがればこの氷が融けます。

しかし、「地球温暖化によって北極の氷が融けて海水面が上昇する」という説明は、学校で教えている「アルキメデスの原理」に反します。

コップに氷を入れて水を一杯まで入れると、氷が浮かんで水面よりも上に出ます。しかし、この氷が全部融けても水がこぼれることはありません。

これと同様に、夏になって北極の氷が融けてくると、氷は海水に浮いているような状態になっています。なぜ氷が浮いているかというと、水は氷になると体積が増えて水よりも大きくなるからです。

水は凍ると体積が増え、氷が押しのけた水の重さの分だけ上向きの力（浮力）が発生します。そして氷全体の下向きの力と釣り合ったところで止まり、氷になって増えた体積分が水面より上に出てきます。

しかし、その氷が融けてしまえば体積は元通りに減るので、融けたからといって水面より上に出ていた分だけ海水が増えるということはありません。要するに、海水は凍っていても融けていても、水の量としては同じなので水面は上昇することはないわけです。

温暖化の原因がCO_2であるとするなら、緯度の高いところほど気温が高くなる傾向があるので、将来氷が減っていく可能性があることは否定しません。しかし、現状は北極海の氷の量はほとんど変わっていませんし、海面も上昇したりはしていません。ましてや、ホッキョクグマが溺れて苦しんでいるなどという状態ではまったくないのです。

しかし、社会でも教育現場でも、温暖化によって南極や北極の氷が融けて、海面が上昇するというのはなかば常識になってしまっています。学校では環境教育の名のもとに、アルキメデスの原理や科学の基本的な原則に明らかに反していることを、子どもたちに繰り返し吹き込んでいます。そしてその舌の根も乾かないうちに、理科の時間にはアルキメデスの原理や融点について説明しているのですからこれはゆゆしき問題です。

ツバルは温暖化で水没するわけではない

地球が温暖化しても極地の氷は融けませんし、海面が上昇することもありません。それなのに、「地球温暖化で北極や南極の氷が溶けて海面が上昇し、海に沈んでしまう国がある」ということが実際に学校で教えられています。

これは南半球の赤道のすぐ南に位置するツバルというサンゴ礁でできた島国のことです。海抜は数メートルしかなく、国土はすべて合わせても26平方キロメートル。地球温暖化による海面上昇のために水没の危機に瀕していると話題となり、学校で使われている教科書にもかなり詳しく記述されています。

しかし、これも実はまったくのウソです。

ハワイ大学の調査によると、ツバルの海面上昇は1978年の独立以後22年間でわずか2センチ程度です。また、オーストラリア国立潮位学研究所は「この地域で、顕著な海水面の上昇は観測されていない」と報告しています。

しかも、ご当地であるツバルの気象局長が著した論文ではなんと、海水面は潮位計設置後、約6年で14センチ低下したと報告しているのです。加えて、国土面積にいたっては、むしろ増えていると報告されています。

９つの島で構成されるツバルはもともと、イギリスが１８９２年に保護領とし、１９１５年に植民地化した島国です。現在の首都があるフナフティ環礁のフォンガファレ島は当時、大半が湿地帯で、アメリカがこの湿地帯に基地をつくるため１９４２年に海兵隊を送り込み、埋め立てて滑走路を造成しました。要は、ツバルはもともと干潮時にはかろうじて海の上に顔を出すけれど、満潮時になると海に沈むような島だったのです。それをアメリカ軍が、飛行場を作って今の姿になったのです。

しかし、この滑走路が作られてからすでに70年が経過し、一部が波に浸食されてきています。人工的に埋め立てたことでなんとか人が住めるようになった島が、70年の年月をかけて波に浸食され、もとの姿に帰ろうとしているに過ぎないのです。

本来は海中にあるべきサンゴ礁でできた島なの

遠藤秀一『ツバル』国土社　2004

ですから、海面ギリギリで浸食に弱いのは仕方のないことです。

それなのに、日本の学校では、「日本人が贅沢しているためにCO_2が増加し、地球が温暖化し、海面が上昇してツバルが水没の危機に瀕している」といった、あたかも科学と道徳が連動しているかのようなトンチンカンな教育がなされています。しかし実際はツバルは沈んでいないし、ましてやそれが日本人のせいだなんて、いったい何重にウソを重ねれば気が済むのでしょうか。

私は以前、民間による環境教育という名目で、とある企業の社員が小学校に出向いて出張授業を行ったときの報告書を見る機会がありました。そこには、「南極の氷が融けている映像を子どもたちに見せ、ツバルが沈んでいるのだと説明したところ、子どもたちの表情が青ざめ、環境問題の深刻さを深く心に刻んだようだった」といった内容の報告が誇らしげにまとめられていました。

あまりにひどい内容に、私は複数の小学校の校長と出張授業をした会社の社長宛てに抗議の手紙を送りました。ある校長からは「今後、教育については十分に配慮します」といった内容の手紙がきました。企業にいたっては、何の返信もありませんでした。

もともと夏になれば毎年極地の氷は周辺部が少し融けているのに、その映像を見せて温暖化のせいだなどというウソを教え込むなんて、これでは戦前戦中の軍国主義教育と同じではありませんか。

「地球環境を守らなければならない」という前提までは善意かもしれませんが、「南極が融ける」「ツバルが沈む」というのは事実と異なり、子どもたちの心を不当にコントロールしようとする悪意に満ちています。

しかも、その一方で、理科の時間ではさきほど説明した「氷は融点にならないと融けない」という、環境問題と矛盾する科学的な事実を同時並行で教えているのです。

今の学校は、世の中の空気を必要以上に読み、世の中の空気としてなんとなく常識化してしまったウソを、客観的事実と混同して子どもたちに教えています。こんな学校教育を受けている子どもはかわいそうだと言わざるを得ません。原発の事故でも「政府が言っているから」とか、「文科省の文章に」、「NHKが報道しているから」という理由で「被曝は健康に影響がない」という教育も行われています。

私たちは戦争を体験し、それぞれの学校、先生が独立して教育をする体制や概念を作ったのに、それが徐々に崩れているのでしょう。ヒットラーやスターリン時代のような暗黒社会を作らないように、個別の学校や教師が頑張らなければならないと思います。

「温暖化問題」は歴史とも矛盾する

地球温暖化問題は科学と共に、歴史的な側面も重要です。学校では理科、社会、それに文化を教えるのですから、それと矛盾するのも問題です。

ヨーロッパ中央部を横切るアルプス山脈は、美しい氷河が生み出す絶景を望む観光地としても知られています。

このアルプス山脈の氷河は、「かつてはふもとのあたりまで張り出していたのに、19世紀以降は地球温暖化が進んだせいで氷河の氷が融けてしまい、今では山頂あたりまでむき出しになってしまっている」ということを取り上げて温暖化しているという人たちがいます。はたしてこれは真実なのでしょうか。

そこで、まずはアルプス山脈をめぐる気温の歴史を振り返ってみましょう。西暦300年から500年ごろにかけて、地球には寒冷期が訪れました。この時期はアルプス山脈があるヨーロッパだけでなく世界的に気温が下がり、地球は厳しい寒さに見舞われました。

当時、ヨーロッパ中・北部に住んでいたゲルマン人たちはこの寒さに耐えきれず、暖を求めて西や南へと移動しました。この大移動が西ローマ帝国を滅亡させ、中世ヨーロッパ諸国家の成立をもたらした「ゲルマン民族の大移動」として知られています。

そしてそれから500年ほどが経過し10世紀ごろになると、ヨーロッパではようやくこの寒さが和らぎ、温かくなってきます。するとノルマン人が船に乗って北の海へと漕ぎ出すことが可能になり、アイルランドへと侵入を始めます。北極圏に接し先住民族がいなかったアイスランドに多くの人が住むようになったのもこの時期です。当時の人々は温暖な気候を利用して、北へ北へと生活の場を広げていったのです。

そのころのアルプスは今以上に氷は融けていて、それはアルプスの山頂付近にあるこの時代の遺跡によって判っています。アルプスの氷河は約５００年ごとに上がったり下がったりしているのです。

一方、そのころ平安時代だった日本でも、やはり気候は温暖になりました。貴族を中心に外壁が少なく開放的な寝殿造りという建築が流行したことからも、当時の日本が温暖な気候だったことが推測できます。

北海道でもこの時期は温暖な気候に恵まれ、オホーツク海では流氷がほとんどなかったのではないかと考えられます。当時、オホーツク海沿岸に

モヨロ貝塚（網走市）

住んでいたモヨロ人という民族がつくった貝塚は今でも残っていますが、これは一年中ある貝塚だったとされています。流氷が来ると貝は獲れないので貝塚は途切れてしまうはずなのに、この貝塚は途切れていないのです。

そして時は経ち、16世紀ごろからは、いわゆる「小氷期」という時期に入り、地球は再び厳しい寒さに見舞われます。このとき、アルプス山脈の氷河はふもとまで張り出し、ロンドンのテムズ川は全面結氷するほどでした。この時期を「小氷河期」と呼んでいます。ところが、19世紀を過ぎると寒かった時期が終わりを告げ、再び気候は温暖となり現在に至っています。全面結氷したテムズ川は１８１４年に完全に融け、それ以降は氷が張り続けるような事態にはなっていません。

こうした温かい時期と寒い時期をくり返す気候変動のサイクルは、太陽活動と連動しているといわれています。その中心部で水素を燃料とした核融合反応をくり返してエネルギーを放っている太陽はさまざまな活動をしています。その活動にはそれぞれ周期があって、11年周期、５００年周期、13万年周期などがわかっています。

16世紀ごろに太陽活動が停滞し、地球に厳しい寒さをもたらしましたが、その後徐々に回復し、21世紀の現在ほぼピークにあるとされています。そして今後は再び下降していくと考えられています。

メディアがこうした科学的・歴史的な事を無視するのは仕方が無いとしても、学問を教える学校が、社会に流されて自ら教えている理科、歴史、そして文学などの人間の営みに反することを教えるのは適当とは言えません。

リサイクルはむしろ環境破壊を進めている

官民一体で推進されている「リサイクル」も、同様にたくさんの間違いをはらんでいます。

リサイクルとは一度使ったものをもう一度使う、あるいは再生するということですから、思想としては健全です。多くの人はリサイクルすることで環境にかかる負荷を少なくできると信じて、ペットボトルを洗ったり、牛乳パックを切り取ったりと面倒な作業に日々いそしんでいるのでしょう。

しかし残念ながら、それはイメージだけの非科学的な話で実際はいくらリサイクルしたところで、環境に良い影響を与えることはありません。それどころか、使い捨てるよりも多くの資源を浪費していることが多いのです。

なぜなら、ペットボトルをきれいに洗浄しても、そのままの形で再利用することはできないからです。ビール瓶などのようにガラスでできていれば、熱や薬品で洗浄できますが、ペットボトルは熱に弱いうえ、薬品で洗浄すると溶けてしまうという性質があるのです。

だったら、ペットボトルをきれいに洗って細かく砕き、溶かしたうえで、再びペットボトルに加工するという方法はどうでしょう。残念ながらこの方法も実際には使えません。これはリサイクルに出されるペットボトルの中には、農薬などの特殊な薬品や液体が入っていたものが混ざる可能性があり、それが加工の途中で化学反応を起こしたり、それが原因で劣化したりするためです。

ここで、簡単に「価格」と「資源」の関係を説明しておきましょう。

ものを作るときの価格は「人件費」と「資源に使った費用」を足して決まります。工業的生産では人件費は10％から20％ぐらいで、これも厳密には「人を使う」のですから、その人が使う資源を計算しなければなりません。また、資源を購入するのに使った費用は資源の量に比例します。です

ペットボトルの回収箱（相模原市南区役所）

から、そのお金の出所が消費者であろうと税金であろうと出所を問わず、「お金（コスト）の分だけ資源は消費される」ことになります。

ペットボトルを分別回収するために自治体などが使っている税金は、２００５年度３月に中央環境審議会に提出された資料によると約６００億円とされています。そして、回収してリサイクルされるペットボトル原料は１４万５０００トン（これを再商品化量という）ということなので、６００億円を１４万５０００トンで割ると、１キロあたり４１３円になります。

つまり最終的には、リサイクル製造費の１９０円（公表値）と税金の４１３円を足した６０３円が、ペットボトル1キロをリサイクルするのに必要な費用になります。

結局、ペットボトルの原料（ポリエチレンテレフタレート）は、新しい石油から作れば1キロ

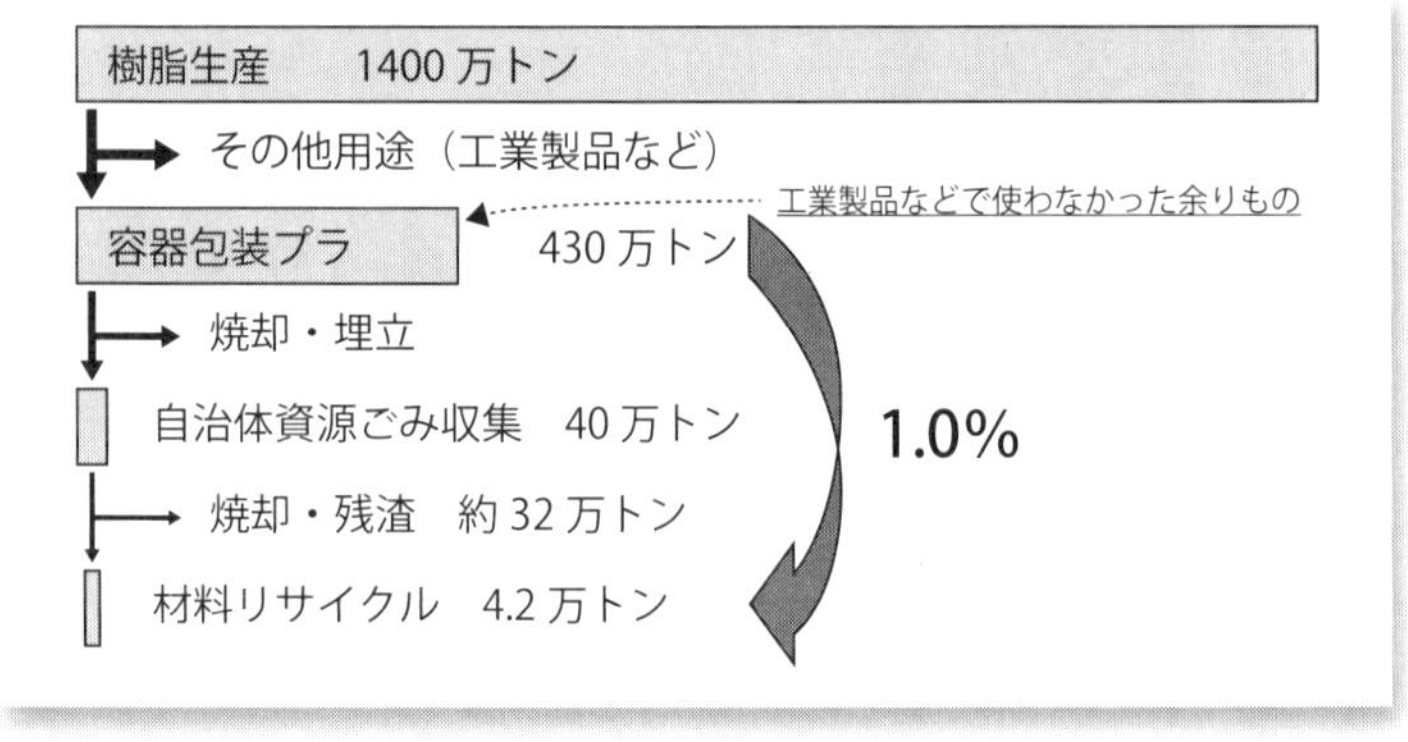

リサイクルの実際

120円（2005年におけるコスト）で済んでしまうのに対し、リサイクルで作れば1キロあたり603円もかかってしまうことになります。新品の石油を使う場合に比べて、5倍の費用がかかるというわけです。

ちなみに、このリサイクルにかかる費用には家庭や事務所などでペットボトルを洗ったり、分別するために買うごみ袋、ペットボトルリサイクルの箱や管理するために必要な費用は含まれていないので、実際にかかっているコストはもっと高いと考えられます。

ただし、使い捨てる場合にも捨てるための経費がかかるので、それをプラスして考える必要があります。2005年7月に国が発表した資料によると、プラスチックゴミ（420億トン）を捨てる経費は2620億円ということなので、1キロあたりで計算すると62円かかっていることになり

ＪＸ日鉱日石エネルギー根岸製油所（横浜市）

ます。

そこで、ペットボトルを一回で使い捨てる場合と、リサイクルして2度使う場合を比較してみましょう。なぜ2回に限定しているかというと、リサイクルは何度でも繰り返して永久に使い続けられると誤解している人もいるようですが、実際にはプラスチックは劣化するので古いものを何度も使い続けることはできません。昔からリサイクルされている鉄でも、実際に回収して本当に再利用できるのは多くて半分程度といわれています。残りは廃棄するしかないので、リサイクルする場合、廃棄に要する経費は2分の1とするのが適当と考えられます。

こうして計算すると、使い捨ての場合は１２０円に62円を足して１８２円、リサイクルして2度使った場合は捨てる費用が半分になるので６０３円に31円を足して６３４円になります。

最終的には、ペットボトルをリサイクルすると、新品よりも3・5倍のコストがかかるということになります。

これは単なるお金の問題ではなく、コストがかかればそれだけ何らかの資源を使っているということですから、リサイクルすれば資源も3・5倍浪費するということになるのです。

イメージだけでリサイクルが強要されている

私は決して、リサイクルが悪いことだと言いたいわけではありません。ものを大切に扱い、繰り返し使うことはとても大切なことです。リサイクルが本当に地球環境に良いのであれば、どんどん推進すべきだと考えています。

しかし、今現実に行われているリサイクルは、かえって資源を浪費しています。このような一連の浪費サイクルを、「リサイクル」と呼んでいいものなのでしょうか。

環境に良いことだと信じてペットボトルを一生懸命集めては、洗ってリサイクルに出している人たちの多くは、それが実際には資源を浪費していることも、それにかかる膨大なコストを負担させられていることを知りません。

そして、日本の多くの学校では環境教育と称してリサイクルについての教育が盛んに行われています。大人も子どもも、その多くは「地球環境を守ろう」「もったいない」「リサイクルは良いことだ」といった道徳的なイメージだけを植え付けられ、面倒な分別やリサイクルを強要されているのです。

以前、現場の先生と話をした際、こんなことをおっしゃっていたのが印象に残っています。

「環境教育が大切というけれど、正直いって何を教えていいのかわかりません。その中で、分別やリサイクルといったことは、一番教えやすいんです。もしかしたら間違っているかもしれないと思いつつも、結果としてそうなってしまうんです」
これはあまりに情けない話です。

リサイクルは「エントロピー増大の原理」に反する

実は、「モノは劣化するので永久に再利用はできない」「モノは混ざるのでリサイクルはそんなに簡単ではない」ということは、物理的には「エントロピーの増大の原理」という法則で説明することができます。ごく簡単にいうと、宇宙は放っておくと無秩序が拡大していくという法則です。

これはとても難しい原理なのですが、この宇宙を支配している一大法則であり、世の中の多くの事象はこの原理で説明できるようになっています。

これまで、近代の自然科学は多くの法則や原理原則を見いだしてきました。その一つに、全ての物体は質量のあるものを内部に引きつける力を持つというニュートンの「万有引力の法則」があります。実は万有引力は何から来るのかということは、まだはっきりわかっていないのですが、万有引力が存在すること自体は間違いのないこととして受け止められています。

エントロピー増大の原理は、この万有引力とそれと同じくらい重要な法則です。この世で起こるあらゆる変化は、エントロピーが増大し無秩序が拡大する方向へと進みます。その理由は明らかになっていませんが、おそらく宇宙が膨張を続けていることと関係があるのではないでしょうか。

循環型社会やリサイクルという概念は、近代科学の科学者たちが努力を積み重ねて発見したエントロピー増大の原理とは真っ向から反しています。目の前にある飲み終わったペットボトルは、まだ使えるように見えるものの、実際には膨大な拡散エントロピーを持っていて、それを減少させるのは容易ではありません。

物理をある程度理解している人なら「エントロピー増大の原理から、再生可能エネルギーとかリサイクルといったことはほとんどの場合、成立しない」ということがわかっています。リサイクルが可能であるということは、エントロピーの増大の原理の例外であって、非常に特殊なケースなのです。

もちろん、科学にも間違いがあるので、リサイクルという概念がエントロピーの増大の原理に反するということ自体が間違いである可能性は否定しません。しかし、間違いは新しい観測や理論によって修正されるものであり、希望や怖れ、幻想によって打ち消されるものではありません。ましてや、そのときどきの都合でいとも簡単に書き換えられる、などということはあってはならないことです。

それなのに、科学技術立国を標榜する日本がいとも簡単に「循環型社会」なるものを支持し、それによってエントロピーを減少し得ると言いだしたのですから、驚き以外の何物でもありません。これは、「地球は丸くない」と大真面目に発言するに等しいことではないでしょうか。

エントロピー増大の原理を覆すのはそう簡単ではなく、日本の社会が目指している循環型社会が現実のものになるということは、エントロピーが増大しない反応や行為を発見したことに等しくなります。

もしこれが本当であれば人類の文明は何をしても永続することになり、節約はまったく不要になります。それこそノーベル賞どころの騒ぎではありません。世の中のすべてを覆す大発見です。

でも、実際はそんな大発見などなされていません。２０１２年の夏には質量の起源と言われる「ヒッグス粒子」とみられる新粒子が発見されたとして大ニュースになりましたが、エントロピー増大の原理が覆されたというニュースはついぞ聞きません。

森林を増やしてもCO_2は削減できない

環境問題の中で科学的に間違っていることが多くあります。次は地球温暖化と生物の関係についてお話しましょう。

増えすぎたCO_2を減らすために、森林を育てよう、緑を増やそうという運動を推進している人たちがいます。植物は光合成によってCO_2を吸収してくれるので、温暖化を食い止める力があり、植林を進めたり樹木の伐採を減らすなどすれば環境に良い影響を与える、という考えです。

一見、筋が通っているように思えるかもしれませんが、これも学校で教えている事と反します。

そもそも光合成とは、植物が太陽光のエネルギーを使って、水と大気中にあるCO_2から炭水化物を合成して自らのエネルギー源とする働きのことです。

その際、植物は有機化合物を合成し、酸素を放出しています。大ざっぱにいうと、植物は酸素と炭素が結合した化合物であるCO_2を吸収し、それを体内で炭素と酸素に分け、炭素はそのまま自分の体に貯めておき、余った酸素を吐き出します。そして体内に貯めた炭素は再び大気中の酸素と反応させて、自分のエネルギーとするのです。

要するに、植物は体内に取り込んだCO_2のうち、半分は酸素としてすぐに排出し、半分は炭素として体に貯めています。エネルギーとしてからだに貯まるということは、植物が成長するということなので、まだ植物が若いうちはこの炭素を使ってどんどん枝を延ばし、葉を茂らせます。つまり成長段階にある植物は、光合成で待機中のCO_2を減らし、酸素を増やす働きがあるといえます。

しかし、植物が完全に大人になってしまうと、事態は変わってきます。もうからだを大きくする必要はないので、貯めた炭素をもう一度大気中の酸素で燃やして、エネルギーに変えて生活をするようになります。この状態になると、CO_2と酸素はプラスマイナスでゼロになります。

やがて、その植物も老化し、体は少しずつ小さくなり、命は終わりを迎えます。

植物が死ぬと、その体は微生物によって分解されて土に還ります。植物の体は自ら光合成でつくった炭素でできているので、それが微生物によって分解されることによって、炭素（からだ）と大気中の酸素が結合し、その植物がかつて若い頃に吸収したCO_2と同じ量のCO_2を放出することになります。

要するに、植物は生きてから死ぬまでの活動をトータルすると、放出する酸素の量と吸収するCO_2の量は同じになります。若い植物はCO_2を吸収する量が多いので植林に励めば短期的にはCO_2は減少しますが、その森が成熟し、定常状態（誕生する木々と枯死する木々が同じになる状態）になれば、CO_2の削減効果はほとんどなくなるわけです。

要するに、植物の一生をトータルで考えると、植物は光合成で酸素を増やすこともないし、CO_2を減らすこともできないということになります。

ただし、厳密にいうなら森林が育った後で、枯れて土の中に埋まってしまったり、水の中に沈んだりすることで、微生物によって分解されないまま死んでいく樹木があるので、CO_2を削減する効果が一切ない、というわけではありません。地球上にある木々の1万分の1程度はこのような死に方をしてCO_2を固定するといわれているため、森を増やすことで大気中のCO_2を減らす効果はほんの少しならあるといえます。

しかし、これは森林に何も起こらなければ、という前提の話です。ひとたび森林火災が起これば大量のCO_2が発生し、あっという間に収支は「赤字」になってしまいますし、たかだか地球上の木々の1万分の1がCO_2を固定したところで、増える一方の人間が放出するCO_2の量とは比べ物になりません。したがって、森林や植物を増やしても、実際のところCO_2を削減する効果は無きに等しいということになります。

再生紙より新しい紙の方が環境にやさしい

リサイクルと自然の関係でも同じような間違いがあります。それは、「森林を守るために紙をリサイクルしよう」というものです。

そもそも、紙を使うと森林が破壊されるということ自体が自然と人間の関係を正しく捉えていません。新しい紙の原料となる樹木は太陽のエネルギーを利用して育つ持続性の高い資源であり、自然からの贈り物です。こうした樹木を原料としている紙は、むしろ環境にやさしい製品です。

しかも、紙の原料になる樹木は、むしろ余っていて、現在の日本の森林利用率は40％です。この森林利用率とは「その年に新たに成長する樹木の量」に対して、どのぐらい利用したかということですから、日本の森林は半分も利用されていません。

基本的に植物は「とっておく」ことができないので、適切な時期に使わなければ腐ってしまいます。日本が紙の原料を輸入している先は、カナダ、オーストラリア、北欧など先進国と、製紙会社などが個別に契約している世界の森林です。この中には急速な森林破壊が問題になっているアマゾンやその他の熱帯雨林などは含まれていません。

そして先進国の森林はここ10年、数％ではありますが増え続けています。しかし、リサイクル気運の高まりでパルプの需要が減り、スウェーデンの森林組合では年間9000万立方メートル育つ樹木のうち、2000万立方メートルを捨てています。せっかくの自然の恵みを使わないということですから、なんともったいないことでしょうか。

要するに、紙を使っても森林が破壊されることはありません。むしろ日々成長する樹木を、生育量とのバランスを取りながら利用することで、森林は活性化します。

一方、再生紙はというと、古紙をリサイクルする過程でたくさんの石油が必要になります。まずは古紙の回収、運搬などの段階からかなりのガソリンを消費します。しかも、回収した古紙は全部使えるわけではなく、歩留まりは8割程度なので集めた古紙の2割は捨てることになります。せっかく石油を消費しながら分別回収し、運搬してき

新潟県営貯木場（新潟市東区）

ても、結局2割は捨ててしまうため、廃棄の際に使う石油も必要になります。

さらに、再生紙の製造の過程でもたくさんの石油を使います。漂白や添加物が必要となることも多く、環境負荷は非常に大きくなり、コストもかさみます。

したがって、紙のリサイクルは限りある地下資源を使う行為といえます。樹木という持続性の高い資源があるのに、石油という限りある非持続性資源を使ってリサイクルするというのは、論理的に破たんしているのはだれの目にも明らかです。

それを裏付けるように、２００８年には日本製紙が年賀はがきの古紙配合率を無断で引き下げていたことが発覚しました。そしてこのことをきっかけに、大手各社が紙製品の古紙配合率を実際より多く偽装していたことが次々と明らかになりました。

この背景には非現実的な古紙配合率が政府によって推奨されていたことがあるのですが、製紙会社がウソをついていたこと自体は悪であり、無理なものは無理だと主張すべきだったとは思います。しかし、結果としては古紙の使用量を減らすことで環境負荷もコストも低減し、質の高い紙を消費者に提供していたわけですから、なんとも皮肉です。

紙のリサイクルをするなとは言いませんが、リサイクルできる紙の量や古紙の配合率にも限界があります。非現実的な目標を立てて、再生しにくい紙までなんでもかんでもリサイクルし、石油の使用量を増やすのは本末転倒ではないでしょうか。こうした目標が達成されれば役人の功績になるのかもしれませんが、そんなものは地球環境とは何の関係もありません。

それでも、学校の現場では多くの再生紙が使われています。再生紙を使うと補助金がもらえるからです。

普段から子どもに配っているプリントなどが再生紙である以上、学校では紙のリサイクルは善であると教育せざるを得ません。いくら世界の森林が利用されないまま捨てられていても、リサイクルの過程でたくさんの石油を浪費していても、その事実を教えることができないのです。

こうして子どもは騙されて、「新しい紙を使うと森林が破壊される」「紙のリサイクルは正しい」信じています。ここでもやはり、ウソが社会的常識となり、ウソの教育がまかり通っているのです。

科学的なウソも、お金の力で「常識」になる

それではなぜ、こうした明らかな間違いの数々が社会的な常識となり、学校で教えられるという異常な事態を招いてしまっているのでしょうか。

私は以前、独立行政法人である森林総合研究所のウェブサイトに、スギがCO_2を吸収するといったことを説明している子ども向けの解説ページを見つけました。私は専門

家の集団であるはずの森林総合研究所が子どもたちに科学的な間違いを教えていることに憤慨し、クレームの電話を入れたことがあります。

　私は、森林はトータルでみればCO_2を吸収しないことを説明し、なぜ子どもに対し科学的に間違った教育をするのかと聞きました。すると研究室長は、「先生のおっしゃる通りです」と森がCO_2を吸収しないことをあっさり認めました。

だったらなぜ、ホームページにウソを載せているのか尋ねると、「そうしないと国の補助金を受けられないからです」と答えてくれました。

　環境問題がはらんでいるゆがんだ構造が、この答えに集約されています。

　日本は1997年の第3回気候変動枠組条約締約国会議で採択された京都議定書で、国際的に大きな不利を被りました。アメリカは批准せず、カナダは途中で離脱したので、CO_2の削減義務を負ったのは実質的には日本だけです。

　この大失敗を挽回する必要に迫られた環境省は、日本が削減する義務を負ったマイナス6%の中に森林吸収分を算入することを強硬に主張しました。

　すでに説明した通り、森林はCO_2を吸収する力はほとんどありません。しかし、当初は算入を渋っていたヨーロッパ勢も、日本だけが不利を負っていることをさすが気の毒に思ったのでしょう。「科学的には無関係だが認める」という内容のコメントを出しています。いわば国際的にも日本の勘違いをさらしたことになるのです。

そこで政府はこの国際的な勘違いを国内に持ち込まざるを得なくなり、「森林の働きでCO_2を減らす」という非科学的な方針を打ち出すに至ったのです。これに乗ったのが、補助金が狙え、森林関係の利権をたっぷり持っている林野庁や森林総合研究所、森林関係の学者たちです。

「お金をもらえるなら子どもに間違ったことを教えても良い」ということには到底なりません。しかし現実には、間違った説を垂れ流した研究機関には補助金が支給され、時流に乗った地球温暖化の研究を進めた学者にも、国から研究費がたっぷり支給されました。

そしてマスコミはそれに疑問を投げかけるどころか、「緑を増やして地球を守ろう！」と訴え、追従します。なんといっても、人々の不安をあおるセンセーショナルな報道は、視聴率や部数を稼げますから。

そして教師は、こうした経緯でつくられた間違った事実を、学校でそのまま子どもに教えています。一定の知識がある教師の中には間違いであることに気づいている人もいますが、学校自体が文部科学省によって補助金という首輪をつけられ、コントロールされているので言う通りにするしかありません。

お金をもらうというのは恐ろしいことで、一度その旨みを覚えてしまうとクセになってしまいます。学問的な間違いは、このような経過をたどり、お金と欲によって社会的な常識にまで発展してしまったのです。

絶滅に瀕したトキを保護するのは動物虐待だ

地球温暖化とは関係ありませんが、環境問題で間違った常識が氾濫している例はまだあります。

現在、絶滅に瀕しているトキという鳥を保護しようという取り組みがなされています。トキは日本原産で、ニッポニア・ニッポンという学名がつけられているにも関わらず、日本ではすでに絶滅してしまいました。現在は、佐渡島にある佐渡トキ保護センターで、中国産のトキの野生復帰に向けたプロジェクトが進められています。

ほうっておけば死に絶えてしまうかわいそうな動物を助けようという活動は、感情的には正しい気がします。しかし、「動物愛護」や「自然環境を守る」という意味では決して正しい行動とはいえません。

トキは古くから日本に生息していた鳥で、江戸時代には北海道から九州までほぼ全国で確認できたとされています。しかし乱獲と生息環境の悪化により減少が進み、今では野生のトキは日本では絶滅し、中国にのみ生息しています。

トキは全長が約75センチで、翼を広げると約１４０センチにもなる非常に大きな鳥です。鳥の生息環境はその身体の大きさに左右され、大きい鳥ほど広い場所を必要とします。トキをはじめ、コンドル、ハゲワシといった大型の鳥は、アフリカ大陸のように大地が広大で人が非常に少ない場所が住みやすいといわれています。

本来であれば、トキは日本列島に住むには身体が大きすぎるのですが、平安時代の日本には見渡す限りの水田が広がり、ドジョウやタニシが住むあぜ道や小川はどこにでもあったのでえさには不自由しませんでした。土地が狭いため最適な環境とまではいえなくても、生きていける程度の環境ではあったわけです。

ところが、すでに江戸時代にはトキは減り始め、明治に入り西洋文明が取り入れられるようになると、日本列島の様子は一変します。都市化が進み、水田が減り、河川はコンクリートで護岸されるようになりました。トキはえさを見つけることが難

飼育されているトキ（佐渡市・トキふれあいプラザ）

しくなり、次第に飢えに苦しむようになったのです。

さらに都市化が進むにつれてトキは衰退し、昭和を待つことなくほぼ絶滅に近い状態になってしまいました。

おそらく、今、佐渡で飼育されているトキを野に放てば、遅かれ早かれすべて死んでしまうでしょう。もう日本の環境はトキが生きていける環境ではないからです。いくら保護しようと頑張っても、日本の環境が劇的に変わらない限りトキが野生化して増えていくことはありえません。

「このまま絶滅していくのはかわいそう」という意見もあると思いますが、動物愛護の観点からもトキの保護には問題があります。これは人間にたとえてみればよくわかります。

ちょっと残酷なたとえ話になりますが、仮に北海道の一番寒い場所で、2万人ぐらいの人間に洋服も暖房も住居も与えず、外に放りだす実験をすると想像してみてください。人間は賢いですから、おそらく協力して穴を掘ったりしてなんとか生き延びていくでしょうが、中には凍死する人も出るでしょう。加えて、赤ちゃんが産まれても寒さでなかなか育つことができず、人の数は少しずつ減っていくはずです。そしていずれは最後の一人が、寒い寒いと苦しみ悶え、孤独の中で死んでしまうと予想されます。

いくらたとえ話にしても残酷すぎる、とお怒りになる人もいるでしょうが、今の日本でトキを野に放つというのはこれと同じことです。

そもそも生物の種が絶滅するというのは、環境との適合性を失った結果、苦しみ悶えて死に絶えることです。体の弱いトキだけが淘汰されるのではなく、すべてのトキが死に絶えていくのですから、その辛さや苦痛はいかばかりでしょう。そんな環境に、無理やり繁殖させたトキを放つのが、果たして動物愛護の精神に適っているといえるのでしょうか。

人間が日本列島を平安時代の状態に戻し、人口も2000万人ぐらいまで減らし、コンクリートで固められた河川をすべてもとに戻す覚悟があるなら話は別ですが、そんなことができるはずがありません。

絶滅してしまった動物や絶滅の危機に瀕している動物を、無理やり育て増やそうとすることは、意味がないどころか、むしろ動物虐待に近い行為なのです。

種の絶滅は、悪ではない

トキ以外にも、人間の環境破壊によって、絶滅する動物の数が増えているという報道もよく聞かれます。これも、科学的に極めて怪しい説です。

そもそも、生物はその長い歴史の中で繁栄と絶滅を繰り返してきました。5億5千万年前、地球に初めて多細胞生物という生命が誕生してから、古生代、中生代を経て現代を含む新生代に至っていますが、生物はその間、新しい種の誕生と絶滅を繰り返しながら、生きていくための能力を獲得し、進化を遂げてきました。

そして、こうした進化の過程で、生きていく能力が不足している種の多くは絶滅していきます。

今から7億年ほど前、地球は非常に寒かったといわれています。ところが6億年前ぐらいになると急に暖かくなり、多くの生物が誕生しました。これが「古生代」の始まりです。それから2億5千万年間ほどは暖かい気候が続き、三葉虫やアンモナイトといった当時の生物は大いに繁栄しました

しかし、3億年ほど前になるとふたたび氷河時代がやってきて、地球は厳しい寒さに見舞われます。このとき、寒さに耐えられない生物の多く(約9割と推定されている)が絶滅しました。

そしてこの氷期が終わり暖かくなると、再び新しい生物が誕生します。恐竜が栄えた中生代の始まりです。恐竜は他の生物との戦いに勝つために徐々にその身体を大きくしながら2億年もの間この世の春を謳歌しましたが、気候の変動か、隕石の落下が原因で絶滅しました。身体を巨大化させたことで強くなったように思えますが、そのためにかえって環境の変化に耐えられず絶滅したと考えられています。

そして6000万年ぐらい前に現在の新生代が始まりました。新生代はまだ大規模な種の絶滅はまだ1度も経験していません。

むしろ種の数はどんどん増えて、現在では古生代当時の種の数よりも少なくとも5倍ぐらいにはなっていると考えられています。

要するに、何回かの絶滅を経て生物は進化し、その体が丈夫になった現代の生物は絶滅しにくくなっているといえるのです。

それなのに、生物が絶滅することは悪いことで、かわいそうなことであり、人間はそれを反省し食い止めなければならない、という考えが当たり前になっています。はたしてそれは正しい考え方でしょうか。

生物は絶滅と誕生をくり返さなければ進化することはできず、それがなければ人間という種も誕生しなかったことを冷静に子どもに教えるべき

ティラノサウルス・レックス（中生代白亜紀後期）

で、自然の流れとは全く違うこと、「絶滅は悪」という人間中心の見方を教えるのは考え物です。

また、絶滅がなければ地上に住む種の数は増える一方で、生態系が混乱してしまいます。絶滅があるからこそ、地球上に住む種の数が一定範囲に保たれ、地球の生態系が保たれているのです。

また、生物の歴史を振り返ると、常にその時代の環境にもっとも適応した生物が繁栄してきましたが、その時代の支配的な生物（現代で言えば人間）が自らその競争力を放棄した例は、いまだかつてありません。

恐竜が繁栄した中生代に、果たして恐竜たちは「地球上にこんなに恐竜が増えてしまったら、自然が破壊されてしまう」とか、「自分たち以外の動物が絶滅するのはかわいそうだから、なんとかして食い止める必要がある」などということを考えたでしょうか。

自然や生物界というのは、競争力の強いものが繁栄するのを「良し」とするようにできているのです。

これまで、繁栄の時を経て絶滅していった生物はすべて「繁栄しすぎて絶滅した」のではなく、気候の急激な変動や、隕石の落下による環境の変化によって滅びたと考えられています。別に地球環境を破壊したからでも、繁栄しすぎて罰が当たったわけでもありません。

私たち現代人も、ネアンデルタール人が11万年続いた氷河期を乗り越えられずに絶滅し、その結果として登場してきたのですから、他の生物と同じように絶滅を経て誕生してきた生物なのです。

「人間だけは他の生物と違う」と言う人がいますが、このように考え方自体、少なくとも科学的考えとは相容れないものです。

人間が都市を造り、畑を耕し、動物を飼育するのは特に悪いことではなく、生存し繁栄を続けるための当たり前の行動です。そして、人間だって生物のひとつなのですから、他の生物と同じようにあと1000万年か2000万年もすれば絶滅するのだということを覚悟して、それまでの間は大いに繁栄することの何が悪いのでしょう。生物の絶滅が自然を破壊するという考えは浅薄です。

以上のことからわかるように、種の絶滅は人間が環境を破壊したからだ、とか、生態系が破壊される、などという訴えは補助金や利権といった、なんらかの目的を持った行為の可能性があります。

なぜメディアはウソの報道をするのか

こうしたウソのまん延やプロパガンダには、少なからずマスコミが加担しています。

ショッキングな映像や事実を流せば、テレビ局は視聴率を得られますし、反響も大きくなるでしょう。マスメディアはそんな視聴者の反応をみて、ますます大げさな、針小棒大な報道をするようになります。

また、現代では世界中のニュースが瞬時にお茶の間に流れるようになりました。広い世界では、日々いろいろなことが起こっています。それをセンセーショナルに報道し、異常気象だ、地球温暖化の影響だ、と報道し続ければ、人々も危機感を抱くようになるのも仕方がないでしょう。

以前、あるテレビ局が「ペットボトルは本当にリサイクルされているのか」という問題について研究室に取材に来たことがありました。

私は「本来の意味でのリサイクルはなされていない」という自分の考えを話した後、記者の方に「これから何を取材されるのですか?」と尋ねました。すると記者の方は、「リサイクル推進派の方にコメントをもらいに行きます」と答えました。

私は、「むしろ、本当にリサイクルされているかどうかということを直接取材されたらどうでしょうか?」と言いました。そのほうが手っとり早く真実にたどりつけるし、視聴者だって人の話ばかり聞かされるよりも結論を知りたいのではないかと思ったからです。

しかし、彼らはそういう取材はしなかったようです。

結局、メディアというのはいろんな人の声を寄せ集めて番組や誌面を構成しているだけです。自分自身で真実を突き止めるということはほとんどせず、だれかの「意見」をいわば「受け売り」をしているだけです。これでは、真実ではなく、世の中の雰囲気に合った内容しか放送しなくなるのも無理はありません。

ただ、かれらはずっとそうだったわけではなく、かつては記者が自らの足を使って歩き回り、「真実」を求めた調査報道をしていたものですが、最近は経費節減でこうした骨のある取材がなかなかできないようです。人に面会をしてコメントを集めるのはまだマシなほうで、交通費が出ないからとか時間がないと言った理由で電話で済ませてしまうことも多くなっています。

こうした傾向が広がっているのはマスコミばかりではありません。学問の分野でも「人のデータ」を加工するだけという論文が目立ってきました。

以前、東京の一流大学から学生の大学院修士論文を審査するよう依頼を受けたことがありました。修士や博士論文の審査は、ほかの大学の先生が入った方がよいので快く引き受けました。

ところが、その審査対象となる修士論文が送られてきて私はびっくりしました。そこで採用されているデータはすべて官報や白書あるいは公的な報告書なのです。

確かに公的データを使えば、データの出所について非難を受けにくいので無難ではあります。現に私の著書や主張を批判している人たちは、その理由のひとつとして、「権威のないところのデータを使っている」ということをあげています。

もしかするとそんな理由でバッシングされないよう、指導教授の先生があえて公的データだけを使うようアドバイスしたのかもしれません。そういう可能性も考えましたが、私は審査をお断りしました。

いったん引き受けたことを断るのは、大変申し訳ないとは思いましたが、学問はデータが大切である以上、この論文を認めるわけにはいきませんでした。公的なデータは事実より政治的配慮が優先されているので、そこから導き出される結論は間違っている可能性が高いからです。論文の基礎となるデータが官僚が作った数字で埋め尽くされていては、真実にたどりつけるかどうかははなはだ疑問です。

子どもの「理科離れ」は大人の責任

この章でこれまで説明してきた融点やアルキメデスの原理、光合成、あるいは生物の進化と絶滅の歴史といった話は、どれもそんなに難しい話ではありません。

理科の得意なお子さんなら、何も教えなくても社会でまん延している間違った常識との矛盾に気がつくかもしれません。理科の時間にアルキメデスの原理を習い、それを理解した子どもは「北極海の氷は海に浮かんでいるので融けても海水面には関係がない」とわかるはずです。

もし、お子さんに「本当に、地球温暖化でツバルは沈んでしまうの？」と聞かれたら、はたしてわれわれ大人はどう答えたらよいのでしょうか？

だれが何と言おうと、ツバル周辺の海水面はほとんど変わっていないという客観的データがあります。しかしたとえ親が真実を教えても、子どもは「でも先生は沈むと言っていたよ。テレビでもそう言っていたよ」と言うでしょう。

それでも本当のことを教えるべきです。しかし、一つひとつのウソを正すことはできても、ここまで社会がウソであふれかえってしまった状況では、一筋縄ではいかないというのが現実でしょう。すべての真実を教えることは、子どもに対して、「世の中は大人の利権にまみれたウソとインチキであふれている」と教えるに等しいからです。

近年、子どもの理科離れ、科学離れが問題となっています。科学技術立国を標榜する日本がこれからものづくりや科学技術といった分野で世界と勝負していくなら、多くの優秀な技術者を育てていくことが必要です。それができなければわが国はたちどころに貧しい国に転落し、世界での存在感を失っていくことでしょう。子どもの理科離れは一刻も早く食い止めなければなりません。

しかし、子どもたちの理科離れは、必然であると思います。

科学というのは自然に対する人間によるアプローチです。自然は不思議に満ちていて、人間の力が及ばないことがたくさんあり、多くの謎があります。それを真摯な姿勢で探求していくのが科学です。

「共産主義のもとで育った野菜はよく育つ」という政権に都合のよい非科学的な論理を推奨したスターリン時代や、災害や伝染病が起こるたびに「魔女」を仕立てあげて火あぶりにしていた中世のヨーロッパでは、人々は科学を信用しなくなりました。ましてや、大人の都合を最優先し、利権や補助金目当てにウソの環境問題を仕立てあげるような日本の現代社会では、子どもの心は科学から離れていくのも当然です。

科学を理解する人は、敵が増える

理科を理解している子どもは、「ツバルは沈んでいない」、「森林はCO_2を吸収しない」ということは、自然にわかります。

しかし、ひとたびそれを口に出せば、「お前は地球がどうなってもいいのか、遠いツバルの人たちが困ってもいいのか」と罵られるのがオチです。科学的な根拠をもとに、「温暖化しても南極の氷は溶けない」ことを説明しても、「でもテレビで南極の氷は溶けると言ってるじゃないか、ＮＨＫがウソをついているというのか」と言われます。

たとえ真実であっても、テレビと違うことを言うとだれも信用してくれないのが現代です。ヘタをすると、それがいじめの原因にさえなってしまいます。

理科を正確に理解している人の中には、こうした問題に直面している人がとても多いと思います。以前、ある知人が、「武田先生は名前が売れている大学教授だから、話を聞いてくれる人はたくさんいるでしょう。しかし私が言っても『地球がどうなってもいいのか、テレビがウソついてるって言うのか』と叩かれるだけで、人間関係までできまずくなってしまいます」とこぼしていました。

その方は科学について見識のある、分別ある大人なのですが、そんな人が正しいことを言っても批判される時代なのですから、困ったものです。

かくいう私も、長い間、激しいバッシングにさらされています。以前ある学会で環境問題のウソについて講演した際、猛烈な批判を受けました。「売国奴!」と口汚く罵る人までいました。

でも、その批判はさきほど説明したエントロピー増大の原理に反する内容だったので、「だったら、エントロピーの原理は成立しないということですか」と反論したところ、その人たちは何も言い返すことができず、会場はシーンと静まり返ってしまいました。

たまたまこのときは学会だったので、エントロピーの増大について持ち出して反論を抑えることができました。しかし、世の中はそんな難しい原理など知らない人がほとんどですから、わかってはもらえないことのほうがずっと多いのです。

どうやら今の日本では、科学は勉強すればするほど敵を増やしてしまうようです。科学を理解している人にとっては、苦しい世の中です。正しいことを訴えても、わかってくれる人は非常に少ないどころか、理解できない人が理解している人をバッシングする時代です。科学的に正しいことでも、社会にとって不都合と思われることは口にできない時代なのです。ここまで科学が軽視されている現代の日本は、ナチスの時代、スターリンの時代、あるいは戦前の日本とまるで変わっていないといえます。

政治、科学、報道が結託する暗黒の未来

こんな状況ですから、近年の子どもたちの理科離れは、むしろ正しい行動といえます。理科を勉強し、正しい理解を得ると、仲間はずれになり、不幸になってしまうからです。科学的な現象を理解しない方が、よほど住みやすいのです。

こんな初歩的な科学の間違いに気づかないまま、誤った情報を子どもたちに発信し続けている教師側にも非常に問題があると思います。こんな教育を受けていては、理科に限らず勉強そのものが嫌になってしまうかもしれません。

そして、大人の世界では、科学的事実よりも、政府から補助金をもらうための事実、

得をするための事実、なんとなく世の中に広まっている事実が優先されます。

こんな状態で、子どもに理科を勉強しなさいとはとても言えません。勉強すればするほどストレスがたまるのに、だれがそんな苦しい状況に子どもを追い込むことができるのでしょうか。

子どもたちの理科離れを本当に食い止めたいなら、まずは世の中を変えなければなりません。感情やイメージだけで物事を判断せず、科学的に正しいことを正しいと認め、科学を尊重する世の中にすることがまず必要なのです。

この章では、地球温暖化や生物の保護、リサイクルなどの問題を通して、社会や教育現場にまん延するウソについて紹介してきました。

こうしたウソの環境問題をこれほど熱心に学校で教えるようになったのは、果たして文部科学省が主導してきたのか、あるいは現場サイドによるものなのか、ということです。

仮に文部科学省が環境教育を推進していく方針を取ったのであれば、これはかつての軍国主義教育とまったく同じ構図であるといえます。

日本国憲法第23条に学問の自由が規定されているのは，かつての軍国主義教育の反省からです。終戦直後の日本人は、教育とは政府の言うがままではなく、教育現場が主導するのだという信条を持ち、新しい教育の道を切り開こうとしてきました。

しかし、残念ながら現実はそうなってはいません。目的が戦争ではなくお金や利権に変わり、主導するのが政治家から官僚に変わっただけで、実態は戦時中と何も変わらない教育がおこなわれているのです。

国家にとってもっとも危険なのは、科学が政治と結託することです。そこに報道が手を貸してしまったら、もう破滅の道しかありません。ナチスやスターリンの歴史を繰り返し、暗黒の時代へと突入していくのです。

実際、地球温暖化の問題に疑問を投げかけている学者たちの多くが、差別的な扱いを受け、激しい攻撃にさらされています。さらには、発達したインターネットによって、学問とは縁遠い匿名の人々からも、バッシングを受けています。

この章では一見、原発事故とは関係の薄いと思われる環境教育を取り上げました。しかし、この章に示したようにこれほど事実と異なり、学校で教えている他の科目とも矛盾することが教えられている現実を考えると、２０１１年の原発事故とその後に続いた教育の混乱の根はすでに現在の学校教育自体にあるように感じられます。

原発事故になぜ備えていなかったのか？　なぜ児童生徒の被曝を抑えられなかったのか？　むしろ汚染された地帯に児童生徒を連れて行ったり、福島でスポーツ大会を実施したのか？　その根源的問題にも目を向ける必要があるでしょう。

第5章

この国の教育のかたち

大津のいじめ事件から感じたこと

２０１２年、滋賀県の大津市内の中学校でいじめを受けた男子生徒が自殺するという大変痛ましい事件が起こりました。事件そのものも問題ですが、事件の内容を学校や教育委員会が明らかにしなかったので大きな社会問題となりました。

つまり事件が起こった事はともかくとして、社会が学校に求めていることを示そうとする姿勢を見せず、情報を小出しにしたり訂正したりしました。

なかでも、生徒に対して実施したアンケート調査の結果に対し、「見落としていた」といった内容の発言をしたことで社会に大きな不信感をもたれたのです。いじめの実態を探るためのアンケートで、いじめを強くうかがわせる記述が複数あったのですから、調査の目的から言って「見落としている」と言うことはあり得ないからです。一般社会から見ると、教育を指揮する立場にある人は社会の指導層ですから、このように保身とも見える言動が失望を与えることは確かです。

現在の教育界は、子どものために積極的に行動するのではなく、むしろ外から見ると「目立つことはしない」、「失敗を防ぐため無駄な行動しない」といった「逃げ」の姿勢ばかりが目立ちます。

とくに、いじめ問題が起こった中学校は、いじめを防ぐことなどを目的とした文部科学省の道徳教育実践研究事業推進校の指定を受け、補助金も受けていたのですが、それも言いませんでした。むしろ、学校側が積極的に「本校はいじめを根絶するモデル校として補助金ももらって活動をしてきたが、このような事になって残念だ。現在のところ、私たちが考える問題点は…」と正直に事の本質を明らかにし、教育者としての見解を堂々と述べ、謝るべきは謝り、学校の責任ではないところは「無い」とハッキリ言うべきだったでしょう。

しかし、この問題には、現在の教育界が抱えるさまざまな問題が集約されています。この章では、日本の教育現場で未検討な問題について整理し、今後私たちは日本の子どもたちとその将来のために何をすべきかについて考えを示したいと思います。

大津いじめ自殺事件（毎日新聞：2012.7.4,11,12）

まずは今の日本の教育の原点を振り返ってみましょう。現在の教育は、かつての軍国主義教育の反省から始まった戦後教育がベースとなっています。１９４５年8月の終戦を機にそれまでの教育勅語を廃止し、日本国憲法や教育基本法といった法律が定められ、新しい戦後教育の枠組みが定められました。

そして2年後の１９４７年には、教育の民主化、研究の自由の獲得、平和と自由とを愛する民主国家の建設などを目的とした教職員による組織、日本教職員組合いわゆる日教組が結成され、盛んな活動が始まりました。

結成当初の日教組は健全な活動に取り組んでいましたが、しばらくすると非常に激しい左翼活動にのめり込むようになってしまいます。「教職員の研さん」といった当初の目的からはかけ離れた団体となり、国民の信頼を失っていきました。

一方、１９６０年代から高度成長期に入ったことで、国民の生活はみるみる向上し、日本は世界有数の経済大国となりました。国民一人あたりの所得は欧米諸国と肩を並べるようになります。

一般的に国民生活が豊かになると左翼活動は衰退しますが、当時の日教組も例にもれず活気を失っていきました。左翼活動自体はともかく、教職員の自主的な活動そのものが減少し世間の関心も薄れたことで、その後の教育界の混乱を食い止める力も失ってしまう結果につながります。

教職員の存在感が薄れ、学校や教育そのものの権威も失われ、国民全体で教育を議論するような雰囲気も薄れていくのと比例するように、文部科学省や教育委員会といった組織が発言力を強めていきます。

さらには、子どもたちの親である保護者が教育の現場に進出してきました。これ自体は決して悪いことではなく、親たちが自ら学校教育の一翼を担うという覚悟のもとに教育現場に参画していくことはむしろ歓迎すべきことです。

しかし、実際には「モンスター・ペアレント」（マスコミ用語で決して良い表現ではないが）という言葉に象徴されるように、何の知識も経験も持たない未熟で無責任な親たちが、偏った意見を安易に口出ししては現場を混乱させるという事態が頻発するようになりました。

教育側は、教育はどうあるべきかという信念を持たないまま、「外国ではこんな教育が成果をあげている」といった例を無批判かつ無節操に取り入れては、さらなる混乱を産んでいます。

私たちは今こそ、子どもたちと日本の将来のため、教育はどうあるべきかという原点に立ち返って考え直す必要があります。

教育がどんな人間を育てることが求められているか

教育の基本は、善良な国民を育てることにあります。そこで「善良」とはなにか、を定義する必要があるでしょう。

これについては教育勅語に記載があります。教育勅語は明治23年に発布された当時の日本の教育理念を示したものですが、戦後は第二次世界大戦の原因であるかのように悪者扱いされ、憲法や教育基本法の精神にもとるとして失効しています。

確かに、天皇制のもとで定められたため、国や天皇といった国体に関する記述は現代にそぐいませんが、教育勅語に定められた善良な国民像は、現代でも十分に通用する理想の国民のあり方だと考えています。

教育勅語に記されている人間像を大まかに今の言葉に訳すと、だいたい次のようになります。

「父母に孝行し、兄弟・夫婦は仲良く、
友達を信じて胸襟を開きましょう。
社会の人や見知らぬ相手にも親切にし、

学問や修業をして自分の能力を発揮し、
人格を形成して、社会の役に立ち、
皆に評価され、憲法や法律を守りましょう。
万一、国が危なくなったら率先して日本国と天皇を守りましょう。
日本人はこれまでもずっとそうしてきたのだから、
祖先の努力を無駄にしないようにしましょう」

よく「戦前の教育勅語が悪い」と言いますが、この文章を見ても教育勅語が悪いのではなく、そこに示されていることと違う教育が行われたということですから、犯人を見間違っているというようなものです。

これに対し、現代の教育の指針となっている教育基本法は、理想とする人間像をどのように定めているでしょうか。

1947年に定められた教育基本法は2006年に改正され、現代的な視点での教育の目的及び理念、教育の実施に関する基本が新たに定められました。

教育基本法第二条では、教育の目標は以下のように記されています。

一、幅広い知識と教養を身につけ、真理を求める態度を養い、豊かな情操と道徳心を

培うとともに、健やかな身体を養うこと

二、個人の価値を尊重して、その能力を伸ばし、創造性を培い、自主及び自律の精神を養うとともに、職業および生活との関連を重視し、勤労を重んずる態度を養うこと

三、正義と責任、男女の平等、自他の敬愛と協力を重んずるとともに、公共の精神に基づき、主体的に社会の形成に参画し、その発展に寄与する態度を養うこと

四、生命を尊び、自然を大切にし、環境の保全に寄与する態度を養うこと

五、伝統と文化を尊重し、それらをはぐくんできた我が国と郷土を愛するとともに、他国を尊重し、国際社会の平和と発展に寄与する態度を養うこと

思いついたことを片っ端から詰め込んだような盛りだくさんの内容になっていますが、こんなにも多くの項目があるのに、教育勅語にあって教育基本法になくなっているものがあります。それは「父母」、「兄弟」、「友人」というキーワードです。

現在の教育基本法には、自分自身の能力を伸ばしたり、社会への参画、環境や国際社会への寄与といったことが定められている一方、子どもにとっても最も身近な社会である「家族」や「友人」を大切にし、助け合おうという精神が欠落しています。要は「個人」と「社会」ばかりが重要視され、それをつなぐものを無視している状態です。

これは、現実の日本人の感覚とはかなりズレがあるように感じられます。実際、世の中で何が最も大切かという世論調査では、「自分自身」や「社会」よりも「家族」がもっとも多いのです。

一般的には、人間は家族の中で産まれてきて、家族の中で育ち、再び新しい家族をつくるものです。もちろん、すべての人がそうだというわけでありませんが、人間も動物の一種なので家族を持ち、生活するというのが正常な姿ですし、家庭は比較的安定した人生を送る基盤にもなっています。

加えて、友人や仲間というものも、人間にとって充実した人生を送る助けとなってくれる存在です。たとえ家族に恵まれない人であっても、友人や仲間という存在が人生を豊かにしてくれるものです。

それなのに、現在の教育基本法は、家族や友人といった自分の身の回りにいる近しい人たちの存在をほとんど無視しています。教育現場や子どもたちの周りで起こっているさまざまな問題は、少なからずこうした姿勢に影響を受けています。社会問題になっている「いじめ」も、友人や仲間という存在を軽視していることの現れといえます。

一方で、社会性を重要視しているわりには、学校が社会的な行動をしないという問題も浮上しています。第1章から3章で示したような被曝といった問題に対しても、学校は子どもたちを守る行動を取っていません。

また第4章に書いた環境問題でも、「真理を求める態度」というより、その場限りで社会に迎合する傾向が見られます。

著者は2006年に改訂された教育基本法より、戦後に作られた基本法の第一条の方が良くまとまっているように思いますが、いずれにしても現代の教育は教育勅語、改正前の教育基本法、そして現行法のいずれも咀嚼せず、また教育現場で活かされていないことは確かです。

善良でない国で、善良な国民は育つのか

教育によって育てるべき善良な国民とは、果たしてどんな人間なのでしょうか。家族や友人を軽視する人間が、善良といえるのでしょうか。

この問題を考える私たちの前に、もうひとつの大きな問題が立ちはだかっています。それは、そもそも国や社会が善良なのか、ということです。

今の日本には、利権や虚偽がまん延しています。国のリーダーであるはずの政治家は、選挙で掲げた約束さえ守ろうとせず、教育現場を指揮監督する教育委員会は真実を隠し、自らの地位を守ることに必死です。そして政府は、みずから決めた法令に反して、原発事故が起こったら「放射能は心配ない」というご都合主義になり、子どもの健康を危険

にさらしています。
国や社会が善良でなければ、善良な国民を育てることなどできません。教育基本法に「正義と責任を重んじる」「個人の価値を尊重して」「生命を尊び」などと定められていても、社会の中でこれらのすべてが軽んじられていれば、どれも絵に描いた餅なのです。

実際、現在の教育現場で重んじられているものは、正義でもなければ個人の価値でも命でもありません。最も重要視されているのは、画一性です。校則を守り、常に周囲と同じ行動をとり、目立つようなことはしない。空気を読んで、変わった行動をしない子どもが良い子どもとされているのです。

要するに、「横並び」が重んじられているわけで、教育の目標として教育基本法に定められている「人の価値を尊重して、その能力を伸ばし、創造性を培い、自主及び自律の精神を養う」という人間像とは、相当にかけ離れた子どもを大量生産しているのが現実なのです。

教師が「横並び」を求められたときに、教育基本法の精神を相手に説明し、日本の教育について自らの信念を述べることができないのも現実です。

では、なぜ今、教育は法に定められた目的さえ見失っているのでしょうか。その原因は3つあげられると考えています。

第一に、教育の重要さに対する国民的合意の不足があげられます。教育というのは子どもと親だけの問題ではなく、日本の将来を左右する問題です。私たちはもっともっと教育に関心を持ち、国の将来を左右する重要なテーマとして認識しなければなりません。景気、年金、医療、雇用など日本には問題は山ほどありますが、これらにくらべて教育問題は軽視されすぎています。

そして第二に、こうした国民的コンセンサス不足がもたらす、教育費の不足です。日本はOECD各国の中で、教育に使うお金の割合が最低レベルにあります。明治時代、日本は「教育立国」として学問に力を入れてきました。小学校全入制度が成功し、識字率はぐんぐん上昇し、国民の学力が底上げされました。明治政府は国の財政を犠牲にして教育に力を注ぎ、国力の向上に成功しましたが、その精神は今の日本にはまったく受け継がれていません。

お金が教育のすべてではありませんが、予算が少なければ当然、教師の数も十分にはできません。教育者が自らのレベルアップを図ろうとしても、日々の仕事が忙しすぎてそれもかないません。日教組のような組織が、教員の研さんを図ることができればいいのですが、今の日教組にはそんなことはまったく期待できません。そして教育現場は、日々積み上がっていく膨大な仕事に追われ、疲弊しきっています。こんな状況では、本来あるべき教育を行うことは困難になるのは明らかです。

そして最後の原因は、文部科学省の存在です。後で詳しく説明しますが、文部科学省はもはや子どもの教育や日本の将来のための施策を進める省庁ではありません。もともと日本のような先進国には「指導型」の文部省は不要で、学校教育をアシストしたり、高度な資料を提供する役割で良いのです。でも、大きく逸脱しているので最も強大な「利権団体」になってしまっています。

教育現場の実態を無視しておもしろおかしく報道するマスコミ

教育を真剣に考えるということは、表面的なことだけで判断したり、感情に流されたりすることなく、冷静に本質を見てほしいということです。

国民の考え方に大きな影響を与えるマスコミは特に、扇動的な報道にならないよう気をつけてもらわなければなりません。

数年前のことです。ある大学で、学生の保護者が「息子が卒業研究に入ってから帰りが遅い」とクレームをつけてきました。このクレームをあるメディアが取り上げて、「大学の研究室はタコ部屋だ」とおもしろおかしく報道をしました。おかげで大学は大騒ぎになり、最終的には「卒業研究の学生は6時には研究を切り上げて家に返すように」というばかげた通達が出されるに至りました。

現実には、帰りが遅い学生のほとんどは登校時間が午後だったり、午前中に来てはいてもダラダラしているばかりで研究を進めていませんでした。そんな学生は合格させなければいいという意見もあるでしょうが、現実にはそうもいきません。留年する学生の数が一定割合以上になると文部科学省からの補助金が打ち切られるという、おかしなしくみがあるからです。

そこで教師は不本意ながらも、なんとか学生たちを叱咤激励して研究を進めさせ、一定レベルまで引きあげてやらなければなりません。こうした指導を経て合格基準に達するまでにはある程度の時間が必要で、実験が長引いたり、調べ物をしたりなどで帰りが遅くなることもあるのです。その現状を正確に把握することなく、単に劣情を煽る報道が多いのです。

また、現場の教師が抱える悩みとして「学級崩壊」という問題があります。生徒が暴れて、まともな授業もできないような状態になることです。

多くの人は「まさか大学ではそんなことは起こらないだろう」と考えるでしょうが、実際は、大学でもしばしば「講義もできない」という状態になることは珍しくないようです。

賑やかしい集団が教室にいて、講義を始めてもワイワイ、ガヤガヤと大騒ぎをするのです。彼らは幼いころから「何をしてもよい」という「優しい教育」を受けてきたのか、歯止めが効きません。

私にもそんな体験がありました。私は大騒ぎしている学生たちの机の横に行って、「聞きたくない学生は出て行ってくれ」と指示します。ところが、「フン」という顔をするだけ。椅子に膝を立て、横を向いて6人ぐらいで大声で話し続けます。

私は、「前を向けっ!」「出て行けっ!」と大声で怒鳴りますが、それも効果がないこともしばしばありました。

教育の経験のない人は、「そんなのは無視すればいいじゃないか」とか「単位をやらなければいい」などと言います。しかし、講義によっては、機械の小さな音を聞かせるといった静かな環境が必要なケースも多々あります。おまけに、落第が一定割合を超えると補助金カットという文部科学省のおかしな制度のせいで、むやみに落第もさせられません。

だからといって、出て行けと言っても聞かない学生を力ずくで追い出したりすれば、また保護者やマスコミが大騒ぎするでしょう。現場の教師は、まさに、にっちもさっちもいかないと状態に追い込まれているのです。

いわゆる「ゆとり教育」より前の教育を受けた世代は、「授業中に携帯を使ってはいけない」ということぐらいは知っているのですが、「ゆとり世代」には「なぜ授業中に電話してはいけないのか」ということから教えなければなりません。

こうしたことは氷山の一角であり、教育現場にはほかにも困難な問題が山積しています。現場の教師が直面する劣悪な教育環境をどのように解決するのかといった問題に対しては、マスコミはまったく知らん顔です。視聴率が取れそうなネタだけを、表面的な取材だけでセンセーショナルに報道するだけです。

マスコミがこんな調子ですから、世の中の理解もなかなか進みません。社会の不理解に教育現場は振り回され、進むべき方向を見失っているのです。

文部科学省は今すぐ廃止した方がよい

マスコミもひどいのですが、それ以上に日本の教育を腐敗させている最大の原因は、文部科学省の存在です。

最近は教育界の人間が少しでも文部科学省を批判しようものなら、「江戸の敵を長崎で討つ」とばかりにさまざまな嫌がらせを受けます。当然、国の審議委員などには選ばれなくなりますし、教育界で仕事をしていくうえでさまざまな障害が待ち受けています。あちこちで文部科学省の批判をしている私など、まるで国賊のような扱いです。

しかし、自由活発な批判精神こそ教育の原点です。私はあえて問題を提起したいと思います。

文部科学省は、一刻も早く廃止するべきです。最低でも、担当業務を大幅に減らし、その規模を縮小すべきです。

今から30年ほど前、私は衝撃的な経験をしました。都内のホールで行われた教育に関するイベントに出席したところ、壇上には当時の東京大学の総長と文部省の教育課長のような人が出てきました。2人は壇上で上席を譲り合っていましたが、最終的には文部省の課長が上席に座ったのです。

こういったことは日本人が得意とする阿吽《あうん》の呼吸というもので、表面的にはお互いを立て譲り合いつつも、最終的には偉いほうの人が上席に座るものです。そこで、日本の最高学府である東京大学の総長よりも上席に座ったのが、課長レベルの職員なのですから、これには開いた口がふさがりませんでした。教育界ではこれほどまでに現場が軽視されているのかと非常にショックを受けた記憶があります。

文部科学省は教育現場にうるさく口を出してはいますが、彼らはただの役人で、現場の教師のような教育経験のある人などほとんどいません。教育学について研究を深めているわけでもありません。一般常識が中心の公務員試験を通っただけで、教育に対する見識などないのではないかと思わされることがよくあります。私自身、文部科学省の役人と何人か話をしたことはありますが、どの人も教育についてはズブの素人でしかないと感じたものです。

したがって、文部科学省は教育の現場に口を出す能力がありません。ましてや、現場の教師たちにアゴで指示していいわけがありません。百歩譲ってやれることがあるとすれば、学制の制定といった教育の大枠を定めたり、ほぼ定額での教育予算の分配、あるいは教員のレベルアップにかかわる補助的な事務ぐらいです。

なぜ教育予算は定額でなければならないかというと、役人に大学や学校の査定をさせると腐敗の原因となり、利権を文部科学省に集中させてしまうからです。素人集団の文部科学省に学校の良し悪しなど判定できるはずがないので、予算は機械的に分配されるのが最も効率的であり、クリーンなのです。

文部科学省のような組織は、発展途上にある国々にはともかく、先進国では必要ありません。このような組織は、ある程度国がバックアップしなければ教育がままならない段階で必要なものであり、ある程度成熟した国にとっては必要ないどころか、害にさえなりえます。

江戸時代の藩校だって、藩ごとに自由に設置されていた教育機関であり、徳川幕府が共通した教育理念を各藩に強制するということはありませんでした。現在の教育制度のほうがよほど、全体主義的で現代にそぐわないことは明白です。いってみれば、軍国主義時代の遺物なのです。

具体的に言えば、アメリカは文部省がありませんし、ヨーロッパではフランスのように文部省があっても、現実の教育に直接、口を挟んだり指針を出したりするのではなく、教育に役立つ資料を作って教育の質を上げるのに力を注ぐということです。教育は所詮、それを担う先生の力によるのですから。

さらに日本では文部科学省は自らの支配を強固にするために、現場では校長・教頭・主任などの細かな職位を設け、文部科学省を頂点とするピラミッドをつくりました。福島原発事故が起こったとき、著者は学校などに接して、このことを強く感じました。すでに学校は子どもが主役ではなく、文科省の一つの出先機関になったという感じです。

文部科学省の役人は教育になど興味はない

退職までの身分が保障されている官僚たちが最も興味があることは、教育や子どもたちの未来ではなく、天下り先の確保です。そのために自分たちが支配できそうなところに補助金という名の税金をばらまいて、天下り先を確保します。

ある高校の教科書に「温暖化したら南極の氷が溶けて、ツバルという南方の島が沈んでいる」との記載があります。3章を読んでくださった方はおわかりでしょうが、これは事実ではありません。

このことについて憂慮したある先生が教科書をお送り頂いたので、私が教科書会社に電話をして修正を促したところ、「環境白書に書いてある」という返事でした。つまり、教科書のもとが政治的書物（白書）の記載で充分ということになっているのです。

教科書に載っている内容を検証するのは主に東京大学の教授陣ですが、東大には文部科学省傘下の研究所がたくさんあるので、彼らは文部科学省のいいなりです。教科書の内容が学問的に正しいかどうかということなど真剣に考える人は少なくなりました。

しかもこうした教授陣は50代後半ぐらいになると勲章をもらうことで頭がいっぱいになるものです。勲章をだれに贈るか決めるのは天皇陛下ではなく、官僚です。

要するに、官僚が天下り先を確保するために、思い通りの教育がおこなわれるしくみがすでに確立してしまっているのです。

しかも、教育委員会という組織も、本来の民主的教育を保つためではなく、権力側の存在です。

戦後まもない時代に新しい民主主義教育に燃えていた現場の教師たちも、今ではすっかり文部科学省の方針に従い、日々積み上がっていく膨大なノルマをこなすだけの存在になってしまったようです。

教育界のこうした腐敗は、奇しくも福島第一原子力発電所の事故で露呈しました。子ども本位の教育現場であれば、保護者が訴える給食の汚染や被曝の問題についての不安にも共感し、真摯に対応するはずです。でも実際は、子どもを守るはずの文部科学省も学校も、「国の基準では問題ない」を連発するだけでした。

そもそも戦後教育は、戦争の反省から生まれたものです。権力を持つ者は腐敗するため政治と教育は切り離す必要があるとして、国家から独立した形での民主主義教育が定められたというのに、これでは戦前とほとんど変わりません。目的が戦争からカネ・利権・保身になり、支配者が軍部から官僚に変わっただけのように感じられます。

すぐれた才能を持っているといじめられる

文部科学省のいいなり状態の教育現場では、子どもの素質や個性を伸ばすのではなく、「横並び」を重視する教育がまん延しています。

すぐれた素質を持っている子どもであれば、本来はその才能を伸ばすような教育を施し、結果としてその才能が伸びたなら賞賛し、さらに上を目指すよう指導していくべきです。教育基本法にも「個人の能力を伸ばし、創造性を培う」と定められているのですからこれは当然のことです。

ただし、すべての子どもは同じような能力を持っているわけではありません。念のため、ここでいう能力と言うのは学校で教育する内容に関する能力であり、人間が備えるべきすべての能力を意味しているわけではありません。学校で教育するのは人間が備えるべき能力の一部に過ぎないので、学校教育でカバーされる科目以外ですぐれた素質を持っている子どもに対しても、同じように賞賛していく必要があります。要は、どんな能力や特徴であってもそれを互いに尊重し、讃えあう雰囲気づくりが必要です。

しかし現実には、必ずしもそうはなっていないようです。これは知人の中学校の先生から聞いた話ですが、ピアノは昔から人気の高い習い事なので弾ける生徒はとても多いのですが、これまでに飛びぬけてすぐれた素質を持っている子を何人か受け持ったことがあるそうです。せっかくクラスに才能豊かな生徒がいるのだから、皆に聴かせてやろうとその生徒に演奏するよう言ってもいやがると言われました。

その理由は、「自分が飛び抜けてピアノがうまいのが周囲に判ると、いじめられるかもしれないから」というのです。

同様に、帰国子女の子どもや英語が得意な子も、同じ理由で英語の授業ではわざとカタカナ的な発音で教科書を読む、という話もよく聞かれます。子どもは、たとえ良い理由であっても、目立つことを恐れているのです。

本来なら、すぐれた才能や技能を持っている子どもは賞賛され、その才能をさらに伸ばすための教育が施されるべきです。しかし現在の教育現場は、すぐれた才能や技能を持っていることがまるで悪であるかのようにみなしたり、醜い嫉妬に転嫁するような風潮が、子どもたちの間にまん延しているということがわかります。

また反対に、成績が悪いということを「悪」とされています。人間は努力をして成績を上げるようにするのは良いことですが、同時に成績が悪いから人間的に劣るということもまったくありません。その点についても教師の信念が不足するようです。

結果的に、空気を読んで周囲と同じようにふるまい、成績がそこそこ良いかあるいはごく平均的であることが教師にとっても扱いやすく、子どもにとっても居心地がよいのです。

教育現場にこのようなおかしな空気が流れているのは、私が知る限り世界で日本だけです。これでは優秀な子どもが自分の才能を伸ばすことを阻害するばかりか、成績の良くない子どももあきらめて努力を放棄し、その後の人生を狂わせてしまうでしょう。

こうした風潮の原因のひとつに、日本特有の履修主義が考えられます。履修主義が一定の授業を履修すれば進級させるという方式であるのに対し、海外の多くの国で採用されているのは、どれぐらい習得したかを進級の基準にする習得主義です。

成績が良い子も、そうでない子にもそれぞれに応じた努力を課し、能力を伸ばす教育です。横並びを良しとするおかしな文化から一刻も早く脱皮しなければ、才能を社会に輩出することができなくなってしまいます。

合格基準や目標は子どもの素質に応じて設定されるべき

教育には、「評価する」ことが不可欠です。

現在、日本の学校では絶対評価がスタンダードとなっています。100点満点のうち何点取れたかという絶対的な基準があるので、評価はきわめて簡単です。しかも、すべての子どもが同じ基準で評価されるので、一見フェアな評価のようにもみえます。

しかし、子どもが持つ素質や個性は十人十色であり、そのスタートラインもまったく違います。全員を無理やり同じ基準にあてはめるような教育では、子どもたちの才能を十分に伸ばすことはできません。それよりも、一人ひとりの子どもの能力に応じて目標を設定し、その達成度を判定するほうがフェアではないでしょうか。

わかりやすく説明するために、野球という科目があると仮定しましょう。すべての子どもにピッチャーをやらせて評価をします。時速100キロのストレートを投げれば100点です。

男子で野球の経験がある子どもや運動が得意な子なら、努力を重ねれば100点が取れるでしょう。こうした子どもたちにとってはちょうどいい基準で、がんばって目標を達成し100点を取ることができれば、達成感を味わうことができます。

しかし、女子や運動が苦手な男子はまっすぐ投げることさえ難しい子もいます。彼らはどんなに頑張って練習しても100点は到底無理で、そうすると野球という科目は苦痛以外の何物でもなくなります。最初から諦めて練習を放棄する子が出てくるかもしれません。

逆に、松坂大輔選手やダルビッシュ有選手のような、類まれな素質に恵まれた子どもの場合はどうでしょうか。彼らだったらたいした努力をしなくても、簡単に100点を取ることができるでしょう。

本来なら、もっと腕を磨くことで時速140キロを出したり、変化球だって投げられるはずです。それなのに、100キロのストレートだけで100点満点をあげてしまったら、以後は何の努力もしなくなってその才能を開花させることができなくなるかもしれません。これは本人にとって

ダルビッシュ有（テキサス・レンジャーズ）

も社会にとっても、大きな損失です。

　これが今日本で行われている教育であり、評価方法です。果たしてこれが才能を伸ばす教育、フェアな評価といえるのでしょうか。

　運動が得意な子なら、時速１００キロのストレートという基準でいいかもしれませんが、まっすぐ投げることもできない子にはもっと別の目標を与えるべきです。こうした子はおそらく、将来野球をプレーすることで社会に貢献することは考えにくいので、楽しく観戦できるための知識を教えたり、将来子どもとキャッチボールを楽しめるような技術を身に付けさせればいいのではないでしょうか。

　わかりやすくするために野球を例に示しましたが、これは数学でも国語でも歴史であっても同じです。たとえば掛け算を教える際は、その子が足し算と引き算がどれぐらいできているかという過去の成績を参考に目標値を決めるべきです。足し算と引き算がスラスラできる子どもには掛け算の目標値を高く設定し、苦手だった子には努力すればなんとか超えられる程度の低めのハードルを設定してやるのです。

　こうした能力の見極めと目標設定は、子ども一人ひとりに対し、科目ごとにそれぞれ行う必要があります。たとえば、目の前にA君とB君という2人の子どもがいると仮定しましょう。

　A君は数学が得意で、すらすらと問題を解いていくので、教師は次々と新しい課題を与えます。A君はそのすぐれた才能に沿ったスピードで数学の力を伸ばしていきます。

一方B君は、数学が苦手でなかなか学習が進みません。教師は「この子は数学を専門とするような職業に就いたり、数学を通して世の中に貢献することはないだろう」と考え、B君が生きていく上で必要な数学にしぼって理解させることにします。

ところが歴史の時間になると、B君は歴史上の重要な出来事の意味をスラスラと理解し、その背景や周囲に与えた影響まで深く考えています。B君は歴史が得意のようなので、教師はさらに難しい課題を与えて考えさせることにします。

しかし、あんなに数学で優秀だったA君はどうしても出来事の流れをスムーズに理解することができません。どうやらA君の頭の中は数学のような抽象的な数字を処理するのが極めて優れているけれど、歴史のような人間の関係がからむような、総合的なイメージを描かなければならない科目については才能が乏しいようです。そこで教師は、A君には世の中を生きていく上で役に立つ歴史の知識を理解させるよう、低めの目標を設定してやればいいわけです。

このように同じ子どもでも科目によって持っている能力はまったく異なるので、科目ごとにみてやる必要があります。

私のように大学の教員であれば、普段はやや難しい講義をするよう意識します。ただし、まったくついてこられない学生が出ないよう、理解しやすい内容も必ず加えるようにします。

試験問題には易しい問題も必ず出題しますが、講義では触れていないような、相当レベルの高い学生でなければ解けない問題も必ず出題します。どのレベルの学生でも普段きちんと講義を受けて自分なりに考えていれば何かしら解けるような問題をそろえ、優秀な学生にも歯ごたえがある問題も用意するというわけです。

能力に応じて異なる目標は、不平等か？

こうした評価方式を採用するとしたら、どんなメリットとデメリット、あるいは障害が考えられるでしょうか。

子どもたちにとっては、自分に合った教育が受けられ、才能を伸ばしてもらえ、苦手な分野のハードルは下げてもらえるのですから、勉強の意欲は増すはずです。

問題は子どもよりも、それを見た親や他の教員が「不平等だ」とクレームをつけてくることです。かたや時速１４０キロを投げるよう目標設定されている子どもがいる一方で、正しいフォームでキャッチボールができれば合格点がつく子どもがいることは平等ではない、という意見です。

これは教育の本質をどう理解するかという本質的な問題にかかわってきますから、このような異論が出ても当然だと思います。

教育に関する個人の損得とは、いったい何なのでしょうか。そもそも、教育は個人のためにするものなのでしょうか、それとも社会全体にために行うものなのでしょうか。

人によって異なる合格点を設定することは、決して不平等ではないと私は考えています。「不平等」とは本来、本人の損得に関係することです。合格点が高いと損で低いと得だという考え方をすれば確かに不平等かもしれませんが、子どもの才能をもっと伸ばしてやろうとする教育を受けるのですから問題はありません。

大切なのは、これは決して損得ではなく、不平等でもないことを、子どもや社会全体が理解することです。子どもの才能に応じた教育はすべての子どもにとって良い結果をもたらすものであり、その重要性を広く理解してもらう必要があります。

さらには、昔と違って現代はさまざまな職業があり、子どもがそれぞれの能力や個性を伸ばしていけば、将来その分野で活躍し社会に貢献できる可能性が広がり、日本社会にとって好ましいと判断すべきことなのです。

こうした子どもの個性や才能に応じた教育は、多人数教育では限界がありますが、家庭教師や特別な個人教育でないとできないというわけでもありません。同じ科目でも、子どもによって異なる合格点や目標を提示するといった教育なら、現状の学制でも十分可能だと思います。

子どもの心にある「競う気持ち」を大切に

評価に関する問題はもうひとつあります。現在、学力評価のほとんどは試験で行われていますが、本当に評価する方法は試験しかないのでしょうか。そして、子どもが目標を持って努力させる方法も、試験しかないのでしょうか。

確かに、試験があるから勉強する、試験がないと学習に身が入らない、という人は多いでしょう。しかし、勉強させる方法は試験しかないのかというと、必ずしもそうではありません。

子どもは競争するのが大好きです。子どもの心にはいつも「競う気持ち」があるので、こうした心を利用して競わせながら勉強させることで、子どもはさらにその才能を伸ばしていくものです。

ただし、競うことと、合格の基準を満たすことはまったく違います。さきほどから説明しているように、一人ひとりの子どもに異なる合格基準を設定しつつも、すべての科目について試験をしてその点数を競わせることはできます。

確かに同じ科目で、異なる目標を設定されている子ども同士で絶対的な競争をすることはできませんが、合計点を競うことは十分可能です。さきほどの例で示した、数学が得意で歴史が苦手なA君と、数学が苦手で歴史が得意なB君は、2科目の合計点で競争すればいいわけです。

こうした競争は、優秀な子どもを育てるうえで非常に大切なプロセスです。そういう意味では、現状の試験の制度そのものに大きな問題があるわけではありません。

では何が問題なのかというと、試験制度そのものではなく、「試験の点数が良い子どもが、優れた人間である」と、教師や周囲の大人が決めつけていることです。

学校で教える科目は、あくまで人間的な価値を図るものさしのひとつに過ぎません。成績はその子どもが持っている特徴のひとつであり、人格とは少し異なるものです。

人格は学校ではなかなか評価できません。ですから、学校で教育し、評価できることは人間の価値のごく一部であり、人間の価値基準は無限にあるということを子どもに繰り返し伝えていくことが重要です。

教育界はもちろん、社会全体でこうした認識を共有していけば、子ども一人ひとりの個性や能力が伸ばしていくことが可能になるばかりか、互いを尊重し合い、いじめといった問題も起きにくくなるはずです。

試験の点数という絶対的な基準ではなく、相対的な評価をするということは、信念さえあれば可能であり、日本の教育現場でも十分導入できる仕組みです。偏差値偏重の教育を反省するなら、まずはこうした相対的な評価と個別の教育をすぐにでも導入すべきです。

子どもの能力に応じて得意な分野をしっかり伸ばしてやれば、その分野で社会に貢献できる人間に育ちます。ひいては、国の力を伸ばしていくことにもつながるのです。

それなのに、今の日本の教育は「成績が悪くてもよい」、「教育する内容をもう少し易しくしよう」といったおかしな方向に進んでしまい、世の中の基本的な常識さえも身につけられていないとされる、いわゆる悪い意味の「ゆとり世代」を生み出す結果となってしまいました。

苦手な科目でハードルを下げてやるのはいいのですが、すべての子どもに努力や向上を求めることをやめてしまうのは教育を放棄しているようなものです。文部科学省はあわてて「ゆとり教育」をやめて元に戻しましたが、授業時間を短くすれば試験の成績が落ちるのは当たり前であり、誰にでも予想できたことです。まさに行き当たりばったりの施策と言わざるを得ません。

詰め込みだとかゆとりだとかを議論する前に、まずは子どもをどう評価すべきか、どのように成績をつけていくべきかということについてもっと多くの人が考え、議論を交わすべきです。

大学受験はもういらない

大学受験と科目の履修制度も、日本の教育が抱える大きな問題のひとつです。大学の受験戦争が激化すると、中学校や高校では受験偏重の教育が行われるようになりました。こうした点を問題視し、大学受験に必要な科目を減らして子どもの負担を減らそうというおかしな動きがみられるようになりました。

その結果、大学には数学しか勉強してこなかった学生や、歴史を何一つ知らないといった学生が大量に入学してくるようになりました。得意な分野を伸ばすことは非常に重要ですが、それだけをやっていればいいというのは間違いです。得意不得意に関係なく、美術や音楽など幅広い分野を教育することが大切です。

誤解しないでいただきたいのですが、私はどの科目でもまんべんなく優秀な子を育てるべきだと言っているわけではありません。幅広く教育をするという点が重要なのです。

どんなに不得意な科目でも、教養として理解することは大切です。たとえば音感がほとんどない子どもは将来音楽家として活躍する可能性はまずないでしょうが、だからといって音楽をまったく教えなくてもよいということにはなりません。人生で一度でも楽器に触れる経験を持つことで、その子の人生はより豊かになるはずです。学校教育は、子どもの得意分野を伸ばすだけでなく、幅広い教養と経験を得て、豊かな人生を送れるようサポートするための場でもあるのです。

私は、善良な国民を育て、なおかつ一人ひとりの才能を伸ばし国の力をアップさせるための改革として、「大学受験全廃論」を提案しています。大学入試なんてスッパリやめてしまい、高校生は全員好きな大学に入学できるようにすればいいと考えています。

そして、入試をなくす代わりに、今のように落第者が多いと補助金を減らすといったばかげた制度はやめて、合格点に達しない学生は容赦なく落とさなければならない制度に変えるべきです。

大学入試をなくしてしまえば、東京大学など世間一般で一流とされる大学に学生があふれてしまい、そうでない大学は閑散としてしまう、と批判する人もいるでしょう。しかし、そんな問題が起こるのは、最初の数年間だけのことだと思います。

今の大学は一度入学してしまえば簡単に進級し、卒業できてしまいます。入ってしまえば、卒業したも同然です。このようなおかしな状況を正し、大学が卒業するのが難しい機関になることで、大学受験がなくても高校生は自然に自分に相応しい大学を選ぶようになるはずです。

だれでも好きな大学に入れるようになり、卒業するのが難しくなれば、「東京大学入学」には何の価値もなくなり、「東京大学卒業」という肩書を勝ち取らなくては意味がなくなります。自分の学力と不相応な大学に入っても、卒業できずに落伍してしまえば意味がないので、自分に合った大学を選ばざるをえないのです。

それに、人気大学にキャパシティを大幅に超える学生が集まれば教室にも入れなくなり、良い教育を受けることが難しくなります。講義を聞くだけでも一苦労では、進級するのはもっと大変でしょう。そこまでのサバイバルに自信のない学生や、落ち着いた環境で勉強したい学生は別の大学に行くでしょうから、やはり自然に分散するようになるのです。

実際、世界的にみても、日本のような大学受験が存在する国は少数派です。多くの国は高校時代の成績で評価されます。あるいは高校時代に複数の試験を行い、その合計点で決まるという国もあります。よく海外の例として引き合いに出されるフィンランドでは大学受験はまったくなく、ドイツもそれに近い状況です。海外の例をみる限り、大学受験は絶対に必要だという存在ではないのです。

大学受験をなくしてしまうと子どもは勉強しなくなるのではないか、という意見も多くありますが、著者の経験ではそんなことはありません。入学試験のない附属高校からの入学生の方が平均的にも優れています。また、今の絶対的な評価基準をやめて、一人ひとりに合った教育にすれば、子どもはすべての科目において才能に見合った努力をしないと合格できなくなります。

そもそも今のように大学入試に必要な勉強だけしていればあとはどうにでもなるという高校の教育のほうがおかしいのであり、偏った教養しか持たない学生を大量生産する原因になっているのです。

われこそは東京大学にふさわしいと自負する学生はもちろん、そうでなくても死に物狂いで勉強して卒業してやろうという気概のある学生は全員、東京大学に入れてあげればいいではありませんか。

「勉強したい」という若者の意欲はとても大切です。勉強したい若者を希望する大学に自由に入れてやるのは何の問題もないはずです。勉強しない学生は大学に入ってから脱落するようにすれば、入学の時点でふるいにかける必要などまったくないのです。

世の中には、尊い使命を負った3つの聖職がある

最後に、子どもたちに直接ふれあい、指導する立場である現場の教師たちについて考えたいと思います。

この世に「聖職」といえる職業は3つあります。それが、裁判官、医師、そして教師です。これらの聖職者には、それぞれ尊い使命が課せられています。

裁判官は「正義」という使命を負っています。法学者と国会がつくった法律にのっとっ

て、正義の命令に従い、事件や紛争を処理します。

裁判官は、本来なら禁じられていることを堂々とできる存在でもあります。それは死刑判決です。人の命を奪うわけですから普通の人なら殺人罪になってしまいますが、裁判官が死刑判決を下しても罪には問われません。それは裁判官が高度な専門職であり、聖職だからです。

同様に医師は、「命」という使命を負っています。彼らもまた、社会的に特別なことが認められています。たとえば、人の身体にメスを入れることです。普通の人が同じことをすれば傷害罪ですが、医師なら罪に問われません。

裁判官は正義のために、医師は命を守るために尽くす人たちです。聖職者たちが負う使命は、時にどんなことよりも優先されます。

少し突飛な例をあげますが、たとえばA国とB国が戦争状態になり、国立病院の勤務医である医師が野戦病院に派遣されたとしましょう。医師の雇い主は国であり、戦争の現場では国の指示で兵士が互いを傷つけ合っています。

そこに傷ついた敵兵が運び込まれたら、医師はどうすべきなのでしょうか。すぐそばでは自国の兵士が、医師の上司である国の命令にしたがって敵兵を攻撃しています。医師はこの目の前に横たわる傷ついた敵兵に対して、どういう行動に出るべきでしょうか。

おそらく医師である以上、彼は敵兵を治療するでしょう。医師の上司は国ですが、「命」

を守るという彼らの使命は、それよりもずっと尊重されるものだからです。

仮に私たちが海外旅行に行って、旅行先で病気になり、受診した医師がたまたま日本嫌いだったとしても同じです。この医師は日本人なんて大嫌いで、関わり合いになりたくないと思っていても、患者として目の前にいる以上、自分の主義や嗜好よりも上に立つ「命」を守るという使命に導かれ、治療をしてくれるものです。医師は不特定多数の患者に対して忠誠を誓い、その命を守るために全力を尽くす聖職者だからです。

ただし、このように尊い使命を負った聖職者であっても、なんでも自分で決められるわけではありません。たとえば、医師は自分で治療法をつくったりはしません。患者に施すのは、通常、学会や法律が認めた治療法に限られています。

ですから、「脚を捻挫したようだ」と訴える患者に、「じゃあすぐに脚を切断しましょう」とか「特別なおまじないをかけてあげましょう」などと言う医者がいたら、それはインチキか偽物であり聖職者ではありません。捻挫という症状に対して医師が取るべき治療法はある程度決められており、本物の医師はそれにしたがって治療を施すものだからです。

ましてや、患者が「苦しいから死なせてくれ」と懇願したところで、まだ十分に生きられる人を医師が勝手に安楽死させることは現在の日本では認められません。学会などで十分に議論され、しかるべき法律が成立して初めて、このような判断を下すことが許されるようになるのです。

裁判官も同様です。独自の判断基準で判決を出す裁判官はいません。裁判官は国会がつくった法律をもとに、正義の判断を下します。

要は、必ず別の人がつくった一定のガイドラインがあり、それにしたがって判断を下さなければならない仕組みになっているのです。いかに聖職者であっても、無限の権力を手にしているわけではなく、暴走を防ぐための歯止めがかけられているのです。

すべての教師は聖職者でなければならない

教師という職業も、裁判官や医師と同じように聖職です。これには「今の教師は聖職とはいえない」と異論を唱える人もいるかもしれません。

昔であれば、教師というのは子どもや父母、そして社会から尊敬される存在であり、だれもが認める聖職でした。しかし現在は、教師だからといって無条件に尊敬されるような存在ではなくなってしまいました。確かに、教師の社会的な地位は下がっていると言わざるを得ません。

しかしそれでも、子どもの心に大きな影響を与える教師という職業は、非常に特別な存在であり、高度な専門職です。医師や裁判官と同じように尊敬されるべき職業であるはずです。

そして、聖職者であるからには高いスキルが要求されます。第一に、理科の先生であれば理科の専門的知識、英語であれば高い英語のスキルというふうに、教える科目の学問としての専門知識が求められます。教えるからには、机上の専門知識だけではなく、その分野での長期間かつ高度な経験も必要です。

そして第二の要件として、教え子である不特定多数の子どもたちに対して責任を持ち、忠誠を誓えることです。教師が奉仕すべき相手は、文部科学省でも教育委員会でも校長でもなく、子どもたちです。他のどんなことよりも、子どもたちのことを考えられる人間でなければなりません。

聖職者には使命がありました。裁判官は「正義」という使命のもとで判断を下し、医師は「命を守る」という使命のもとで患者に治療をほどこします。それでは、教師の使命はなんでしょうか。

それは「知」です。教師には子どもに「知」を伝達するという使命があります。そして、裁判官が法律に、医師がすでに確立された治療法にしたがうように、教師にも一定のガイドラインがあります。それは、教師が伝える「知」は真実でなくてはならないということです。

教師自身がどんなに正しいと信じていることであっても、それが客観的に認められた事実と異なることは教えてはなりません。あくまで余談として、自分の考えを紹介することはあっても、その場合は必ず客観的な真実ではないことを伝えなければならないし、こうした自分の考えを紹介する余談が教育の中心になることは断じてあってはなりません。

教師は常に、真実に裏打ちされた「知」に対して忠実でなければならず、それがあるからこそ多感な時期の子どもの魂に手を触れ、さまざまなことをインプットするという行為が許されているのです。裁判官が死刑判決を下す、医師が身体にメスを入れるということが、高度な専門職であることを理由に認められているように、教師も真実の「知」という使命のもとに、憲法で認められている「思想・良心の自由」を侵すようなデリケートな行為も認められているわけです。

本著で第4章をもうけ、環境教育を取り上げたのは、環境教育の内容は「学問的にも定まっていない」状態なのに、政府の方針や社会の要請を直接、児童生徒に教えているという大きな問題点があるからです。

教師が専門職であり、聖職であるということを考慮すると、二重の過ちを犯していることになります。

ちなみに、予備校や塾の教師もそういう意味では同じですが、こうした学校は主として学問や受験の技術を教えており、学校の教師に比べると子どもに精神的な影響を与える度合いは少ないといえます。学校の教師のほうがより子どもと濃密にかかわるので、聖職としての度合いは高いといえるでしょう。

聖職は身分が保障されていなければならない

いずれにせよ、高度な専門職である教師という職業は、医師や裁判官と並んで崇高な仕事であり、聖職です。普通の人が同じことをすれば殺人罪や傷害罪、あるいは思想・良心の自由を侵したという罪に問われるところを、すべて許されています。それは裁判官における正義、医師における命、教師には知という崇高な使命があるからです。

しかし、今の日本の教師の社会的地位は、医師や裁判官より相当下がっているのが現実です。その原因のひとつに、教師が子どもたちに真実を伝えるという使命を果たせていないということがあるのではないでしょうか。

「放射能は安全である」というウソ、「地球が温暖化し南極の氷が溶けている」というウソ、「リサイクルは正義である」というウソ……。日本の多くの教師たちは、子どもたちの心にたくさんのウソをインプットしてしまいました。社会の尊敬を集めていいはずの教師は、その使命と自覚を見失い、自らその地位を下げてしまったのです。

でもそんな状態が続いていいはずはありません。子どもの心に手を入れ影響を与え続けている以上、教師たちは一刻も早く自らの使命を再認識し、聖職性を取り戻してもらう必要があります。

まずは、彼ら自身が自らの職業を何より大切にする必要があります。教師という尊い仕事、子どもたちの心にふれるという仕事の意義を認識し、教え子に忠誠を誓い、身を正し、社会的に尊敬されるような行動をしてもらわなければなりません。もちろん、これらは名誉やお金よりもずっと優先されるべきことです。

そして、文部科学省や教育委員会、あるいは校長のいいなりになることをやめてもらう必要があります。本来、高度な専門職には上司は不要です。あくまでもアドバイス役や調整役を務めるポストや機関はあってもいいけれど、教師の仕事を拘束し自由を奪うような人物や機関はあってはならないのです。

そのためには、彼らの身分が保障されることも重要です。

仮に裁判官がその判決の内容によって解雇されたり、医師がその治療の内容によって職を追われるようなことがあれば、信念にもとづいた行動ができません。これと同じように、教師にも身分が保障されなければなりません。

私立大学の教授である私は、理事長をトップとする大学に雇われてはいますが、教育の自由は守られていると思っています。たとえ話ですが、仮に大学の経営トップの子どもが私のゼミ生となり、そのトップが自分の子どもに単位を与えることを命令したとしても、合格の基準に達しなければ私は不可を出すことができます。なぜなら、教師とは専門職だからです。文部科学省や教育委員会や学長は、教師にアドバイスをすることはできても、それ以上の干渉をすべきではないことが以上の私の説明でおわかりいただけたでしょうか。

ウソをつかない生き方は、快適な生き方である

1章と2章でも述べましたが、今回の原発事故による被曝に関して無責任な言動をしてきた御用学者は、聖職として要件を満たしていませんでした。真実を伝えるという使命を放棄し、子どもたちを危険にさらしたからです。

大津市の教育委員会も、聖職者である教師を束ねる組織として失格です。残念ながら、現在の教育界は外から見ると保身だけが目立ちます。

では、いったいなぜ人は、そして教育界は、人間としての誠意が不足しているのでしょうか?

個人的な話で恐縮ですが、私は40歳ぐらいのころに、どんなことでも、言い訳ができるからといってウソをつくことをやめました。それまでも重大なウソはつきませんでし

たが、「こう言っておけばいいだろう」といったその場をしのぐためのウソは活用していました。

今思えば、「ウソをつく」というより、「本当のことをそのまま言う」ということにあまり価値を認めていなかった気がします。まさに「ウソも方便」というか、事実を言うことより、物事がうまく運ぶことを優先していたのです。

これは多くのウソにあてはまる背景であり、２０１２年に野田政権が消費税増税導入を決めたのも、国民との約束を守るより財務省の言うことを聞いておいたほうが得策だと判断しただけで、特にウソをつくという意識はなかったかもしれません。

ところで、結果的にせよウソをついてしまう原因は教育にもあります。幼児の頃、「スイカの種を食べるとお腹でスイカが生えてくるよ」とか「そんなことをするとお化けが出るよ」と言われた人が多いのですが、これも「子育ての過程での安易なウソ」とも言えます。

またやや高度なウソとしては、「命が大切」と言いながら「リスの形をしたビスケット」とか「サカナの活き作り」を食べさせたりするのも大人のウソを幼児教育に持ち込んだ例かも知れません。このような環境の中で育った子どもは「ウソも方便」と思い、さらに「自分が有利になるためにはウソをついても良い」と考えるのも不思議ではありません。

大人になってウソをつく原因にさらに3つあります。第一に、本当の意味で誠意ある人生を送ろうと思っていない、第二に、その場がとりつくろうことを優先する、そして第三に、本当のことを話したらどうなるか不安である、です。

ところが、こうした不安をなんとか追いやってウソをつかないと決めてしまえば、実はとても快適になることがわかりました。なにしろ、「前はどう言っただろうか?」とか、「どういえば一番トクだろうか?」とか、「こんなことを言ったらひどい目にあったりするだろうか?」といった面倒なことを考える必要がないのです。

自分のことも社会のことも、わかる範囲の真実をそのまま伝えます。最低限、他人のことはなるべく個人を特定されないように言うことと(公的な人間は別です)、性別や育ちなど相手が回復できないことや反撃できないことは言わない、といった多少のルールは決めていますが、それ以外のことは何も考える必要がなくなるのです。

それからというもの、ウソをやめると自分の中の悪をさらけ出すことになるので、なるべく自分の心を美しく保つよう努力するようになりました。そうすると、「自分の考えも正しいかもしれないが、自分と正反対の考えも同じく正しい」ということや、「自分が考えていることは間違っていることが多い」ということにも気がつくようになりました。

このような経験を通して、ありのままでも人の信頼を得るという生活ができるようになり、その結果、ますますウソをつく必要がなくなりました。

もし私がいじめ事件に揺れた大津市の教育長だったら、きっとアンケートも含めてすべてをそのまま発表したでしょう（もちろん、子ども個人を特定されないようにするなどの配慮はしなくてはいけません）。そして、それによって咎を受けるなら、それはそれで、受け入れたと思います。短期的にはつらいことかもしれませんが、長い目で見ればその方がずっとラクで、自分にとってよいことだとわかっているからです。

私は、今回のいじめの事件の関係者である教育委員会の人たちや先生方にこう伝えたいと思います。

ウソをつかず、真実をそのまま言うことは、それほど怖いことではありませんよ。起こってしまったこと、自分がしたことは変えられないのですから、すべて受け入れる方が悔やみは少なくなります。

日本の政治はウソで固められているだけに問題は根深いのですが、せめて教育界からウソのない社会を作りませんか。

世の中を変え、教育を変える第一歩を踏み出そう

そもそも、大津市の少年を死に追いやったのは何だったのでしょうか。

私は、その背景のひとつして、「校内にみなぎる正義感の不足」があると思います。どこの学校でもそうですが、学校全体に「ウソをつかない」、「約束を守る」、「暴力をふるってはいけない」、「不当なことは許されない」などいった、最低限の道徳が存在する必要があり、まさに教育勅語の精神です。それがないまま子ども個人の行動だけを規制するのは困難です。

そしてこのような道徳は、地域全体、あるいは日本中に広がっている必要があり、学校だけにそれを求めるわけにもいきません。

子どもに「ウソをついてはいけない」と言ったところで、「でも政治家だってウソをついているよ」と反論されれば終わりだからです。

しかし残念ながら、今の日本はウソでいっぱいです。こんな世の中ですから、子どもだって「ウソはついても良いのだ。それが大人なのだ」ということを知っているのです。

人が成長していく過程では、いったんは社会より厳しい道徳のもとで育てる必要があります。大人の世界には多少のウソはつきものですが、それはその人の評判や生活などに直結するのである程度のセーブが効きます。しかし子どもには利害がないので、どこまでもウソをつき続けてしまうのです。

中学校などでの暴力に歯止めがきかないのは、この原理があるからです。社会に出れば暴力事件など起こさない人間でも中学時代に暴力をふるうのは、子どもは未成熟であるとともに利害関係がないのでその行為には限界がなくなってしまうのです。

そのため、子どもには大人よりも厳しい道徳が必要です。それなのに、国会では偉い人がウソを言い、約束を破り、非を認めず、謝らず、責任も取らない姿が日々報道されています。こんな現実を日々突き付けられていれば、先生がいくら注意をしたところで子どもは聞く耳を持ってはくれないのです。

混迷する教育問題を根本から解決するためには、教師が高い人格を持つ聖職者であることに加え、国のリーダーのような影響力が大きい人たちにも立派な人間であることが求められるのです。

それなのに、原発事故を取り巻く数えきれないほどのウソは、日本の教育に計り知れないほどの悪い影響を与えてしまいました。政治家は国会で醜い言い訳をし、中学校には警察の捜査が入り、先生たちはウソをつく。こんな世の中では、いつどこでいじめが起こってもおかしくありません。

子どもたちのため、日本の将来のために、私たちは世の中を変えていかなければなりません。

そのためにも私個人は、たとえどんなことが起ころうと常に真実を語り、誠実に生きようと思っています。たとえバッシングの対象になっても（すでになっていますが）、全然気にしません。

どうか皆さんも立ちあがってください。だれかが行動に起こさければ日本はずっとこのままです。

自由を尊重し、誠実を大切にし、ウソを許さず、むやみに他人をバッシングせず、優れた才能を認めましょう。たとえ小さな一歩でも、必ずや世の中と教育現場を変えていく力となるのです。

おわりに

「原発は安全だ」と言われていても、チェルノブイリの例があるのですから、万が一には大きな事故が起こる可能性がありました。原発の近くの学校は事故の準備を充分にしていたでしょうか?

発電所長に会いに行って「子どもたちを守るためには事故が起こりそうになったら、すぐ連絡して欲しい」と申し入れ、気象庁には「原発の近くの学校だから、常に原発からの風向きと風向きの予想をホームページに掲載して欲しい」と求め、さらに避難訓練、避難の方向、疎開の準備などは万全だったでしょうか?

児童生徒を修学旅行に連れて行くとき、旅行中に起こるさまざまなことに対してあらかじめ考えておくように、原発の事故のことについて考えていたでしょうか?

事故が起こった後、緊急の避難にどの程度の力を発揮したのか? 児童生徒の被曝を1年1ミリシーベルトに抑えるように行動したのか? 事故後、2年を経て、児童生徒の健康管理などにどのぐらいの配慮をしているのか?

そして、福島原発事故を教訓にして、教育界として今後の原発運転に伴う準備をどのようにするのか、疎開や給食という大きな問題をどうするのか、教訓は活かされ、児童生徒のために充分な準備をする方向に向いているのか?

このようなすべてのことが不十分であったし、また現在でも不十分であると思う。むしろ、福島原発事故という自分では処理できず、考えもまとまらないようなことに直面して、心理学で言う「リスキー・シフト」になってしまったのでは無いかと感じます。

つまり、事故が起こる前には児童生徒の被曝を心配し、被曝は危険と感じていたのに、事故が起こるとどうして良いかわからず、またその措置があまりに膨大で自分の力を遥かに超えると感じて、急激に今までと正反対の行動を、しかも過激な形で取ると言うことになっていると思います。このような行動パターンは戦争や大きな災害、民族間の対立などに起こることで、心理学でリスキー・シフトとも言います。

でも、教育者というのはあるときには身を投げても子どもを守る、それは母親側がこのために身を捧げることがあるのと同じでなければならないと思いますし、人の人生に大きな影響を与える教師という聖職に求められるでしょう。

本著では福島原発事故で何が起こったか、教育界としては何が必要だったか、それを今後どのように準備すれば良いのかについて示しましたが、現実に実施するにはかなりの障害が予想されます。

その障害とは、政府が原発事故を小さい物として取り扱おうとしていること、文科省から強い締め付けがあること、更に日常の仕事が忙しい中で更にそれに付け加わって困難な仕事をすることに対する抵抗……等でしょう。しかし、私たちはそれに対して勇気と情熱、それに信念を持って対処しなければなりません。

本著が第4章、第5章を付け加えたのは、「善良な子ども」を育てるには「善良な社会」が必要なように、原発事故に対する教育問題という困難なことに対処するには、「科学的で冷静な判断」や「学校教育に対する正しい認識」が必要と思うからです。その意味で第4章に著者の専門分野の一つである環境問題を取り上げ、まずは環境問題のようなある程度安易な問題について、この際、襟を正し、科学的合理的に誠実な心を持って修正する必要があることを示しました。

また第5章に述べたように、教育基本法や教育勅語に対する理解、教育は個人のためか国家のためか、試験をするべきか、大学受験は必要か、などの議論を深めておく必要があると思います。著者が言うのも変ですが、第5章に示した見解は著者の一つの見解であり、正しいかどうか迄は吟味できていないと思います。しかし、敢えて示した理由は「議論が必要である」と言うことを強調したかったからです。

原発と教育と言う難しい問題を解決していくためには、教育する側のレベルがかなり高くなければならないと言うことです。第4章の環境教育のようにレベルが低く、ウソや間違いが多いような状態で、「それでも良いじゃないか」というような雰囲気が学校にあると、困難な問題は解決できません。

私はすでに文科省は原発と教育と言う大きな問題を解決する力は持っていないと考えていますし、教育委員会も無理かも知れません。しかし、被曝の被害を受けたり、教育の機会を失うのは児童生徒であり、それに対して教育者の魂を発揮しなければならないと考えるのです。

現在の教育関係者の待遇は、そのような高貴な魂を発揮するほどではないのは明らかですが、待遇の改善をもたらすのも、待遇が改善してからではなく、改善されるまでにその力を発揮し、社会が教育関係者を尊敬してくれることが先であることは言うまでもありません。

事故直後、多くの方が私のブログに質問をしてきました。その中には、仮契約した土地を本契約するべきか数１００万を捨てるべきか、大量に被曝した女性が子どもを産むべきかを迷ったり深刻な相談ばかりでした。その一つとして法律的な意味で私が答えられるものはなかったのですが、私は「あなたのお父さんという立場で、家族と思ってアドバイスします」と書き、数１０００の質問に具体的に答えてきました。

でも、それは現地の学校の先生の役割ではなかったかと思うのです。先生が尊敬され、信頼され、常に児童生徒のために行動することについて社会の革新があれば、私の所に寄せられた質問の多くは学校の先生に向かったと思うのです。それこそが社会における教育機関の役割であり、聖職としての教師の社会的価値であると思います。

最後に、本著をまとめるに当たって、長渡編集長、上田さんに大変お世話になりました。個々に深く感謝したいと思います。

武田　邦彦（たけだ　くにひこ）

1943 年　東京都生まれ
1966 年　東京大学教養学部基礎科学科卒業
　　　　旭化成工業に入社
1986 年　同社ウラン濃縮研究所長
1993 年　芝浦工業大学工学部教授
2002 年　名古屋大学大学院教授
2007 年　中部大学総合工学研究所教授
　　　　内閣府原子力委員会専門委員，文部科学省科学技術審議会専門委員等を歴任，名古屋市経営アドバイザー
［主著］　『子どもの放射能汚染はこうして減らせる 2』（竹書房，2012），『放射能と原発のこれから』（KK ベストセラーズ，2012），『2015 年放射能クライシス』（小学館，2011），『子どもを放射能汚染から守り抜く方法』（主婦と生活，2011），『原発大崩壊』（KK ベストセラーズ，2011），『偽善エネルギー』（幻冬舎，2009）他

原発事故とこの国の教育

2013 年 11 月 1 日　第 1 版第 1 刷発行

●著　者　武田　邦彦
●発行者　長渡　晃
●発行所　有限会社　ななみ書房
〒 252-0317　神奈川県相模原市南区御園 1-18-57
TEL　042-740-0773
http://773books.jp
●絵・デザイン　内海　亨
●印刷・製本　協友印刷株式会社

ISBN978-4-903355-34-4
Printed in Japan